Auf Fehlerjagd

quer durch
die Geschichte

Nicola Baxter
Illustrationen von Mike Taylor

Christian Verlag

Aus dem Englischen übertragen von
Bruno von der Haar
Korrektur: Petra Tröger
Umschlaggestaltung: Horst Bätz
Herstellung: Dieter Lidl
Satz: Satz & Repro Grieb, München

Druck und Bindung: Tien Wah Press, Singapore
Printed in Singapore

INHALT

DER AUFTRAG: GEGENWART 4

HOCHKULTUR UNTER SENGENDER SONNE 6
Theben, Ägypten, 1400 v. Chr.

DAS HERZ EINES WELTREICHS 8
Rom, Italien, 100 n. Chr.

GEWALT UND SCHRECKEN 10
Lindisfarne, Britannien, 793

EINE PREDIGT AUS STEIN 12
Chartres, Frankreich, 1218

ENTDECKUNG UND WIEDERENTDECKUNG 14
Florenz, Italien, 1492

ZUSAMMENPRALL DER WELTEN 16
Tenochtitlan, Mexiko, 1519

EINE TÜR FÄLLT ZU 18
Nagasaki, Japan, 1633

DER TOD EINES KÖNIGS 20
Paris, Frankreich, 1793

UNTER RAUCHGESCHWÄRZTEM HIMMEL 22
Manchester, England, 1845

IM FERNEN WILDEN WESTEN 24
Der Oregon-Treck, USA, 1876

GROSSER ABSCHIED 26
Liverpool, England, 1914

LICHT, MUSIK, ACTION 28
Hollywood, USA, 1936

DIE LETZTE HERAUSFORDERUNG 30
Südafrika, Gegenwart

EIN RÄTSEL AUS VERGANGENEN ZEITEN 32
Ein Fremdling

EINSATZBESPRECHUNG – NACH DEM AUFTRAG: 34
Lösungen

NOTIZBUCH DES ZEITREISENDEN: 40
Register

...TELESKRIPT VOM LEITER DER INTERGALAKTISCHEN ZENTRALE FÜR PLANETARISCHE KOORDINATION...

Reisender, Du bist aufgerufen zu einem dringenden und gefahrvollen Auftrag. Übernimmst Du ihn, brauchst Du Umsicht und viel Mut. Doch das Schicksal des uns bekannten Universums liegt in Deinen Händen.

Aus Deinen Studien in galaktischer Geographie weißt Du, daß unser Planet einen identischen Zwilling hat – eine Welt wie unsere eigene, als Teil eines parallelen Universums. Alles, was auf der Erde im Verlauf ihrer Geschichte je geschehen ist, geschah auch auf dem parallelen Planeten. In jüngerer Zeit wurde entdeckt, daß dieser Synchronismus lebensnotwendig ist. Die Zwillingsplaneten müssen in völligem Gleichklang verbleiben, sonst kann unser Universum nicht überleben.

Sicher hast Du auch von dem schweren kosmischen Zwischenfall in der Nähe von Zeta XII gehört. Vor wenigen Minuten haben wir erfahren, daß die ersten Schockwellen aus dem Katastrophengebiet leichte Schäden auf unserem Zwillingsplaneten verursacht haben. Offenbar wurden einige zusammenhängende Objekte in der Parallelwelt durch Raum und Zeit gewirbelt. Zwar hat sich die Lage glücklicherweise stabilisiert, doch befinden sich die Objekte jetzt am falschen historischen Ort.

Unsere Fachleute haben berechnet, daß nur wenige Stunden verbleiben, bis sich die Lage verschlimmert. Sobald unser Zwillingsplanet außer Funktion gerät, ist auch unsere Welt dem Untergang geweiht. Es ist also lebenswichtig, daß alle Objekte wieder an ihren Herkunftsort zurückgebracht werden. Unsere ganze Zukunft hängt davon ab.

Dein Auftrag führt Dich in dreizehn Zeitzonen. Um weitere Schäden an dem empfindlichen Gleichgewicht des Planeten zu verhüten, wurde in jeder Zone eine Cyberform für Dich bereitgestellt, das heißt ein Schalenkörper,

der von einem Bewohner des betreffenden Zeitraums und Orts geklont wurde. Als erstes mußt Du diese Cyberform finden. Sie ist ein genaues Spiegelbild eines Wesens in jeder Zone, nur mit dem Unterschied, daß es einen hell glänzenden Gegenstand trägt. Wie Du vielleicht schon erraten hast, stellt dies die neueste Entwicklung in der Spiegeltechnologie dar: ein Gerät, mit dem die zeitverschobenen Objekte wieder in die richtige Zeit und an die richtige Stelle zurückgespiegelt werden können.

Beim Eintritt in jede Zeitzone erhältst Du meine schriftlichen Anweisungen mit nützlichen Daten zur Unterstützung Deiner Suche. Du hast in jeder Zone genau eine Stunde Zeit, um die zwanzig Objekte zu finden, die unmöglich hierher gehören. Schaffst Du es nicht, kannst Du nicht in die nächste Ära weiterreisen. Dann ist Deine Mission mißlungen. Schließlich mußt Du noch ein Zeitportal finden, durch das Du die Zone wieder verlassen kannst. Die Portale auf dem Parallelplaneten haben ein blaufunkelndes Aussehen, das Du schnell erkennen lernst.

Kurzgefaßt hast Du also dreierlei Aufgaben:
- **Deine bereitgestellte Cyberform finden, die einen spiegelnden Gegenstand trägt.**
- **Die zwanzig zeitverschobenen Objekte identifizieren.**
- **Das blaufunkelnde Zeitportal finden, das zur nächsten Zeitzone führt.**

Reisender, Du bist unsere einzige Chance. Die Hoffnungen eines ganzen Universums begleiten Dich. Viel Glück.

TELESKRIPT WIRD FORTGESETZT...

HOCHKULTUR UNTER SENGENDER SONNE

Reisender, Du bist in Theben, in Ägypten, im Norden Afrikas. Die Zeit: 1400 vor Christus. In dieser Stadt voller Hitze und Staub und wimmelnden Menschenmassen mußt Du schnellstens Deine Cyberform finden. Sie ist männlich, geklont von einem Wächter auf einem schattigen Hausdach. Sein Spiegelbild erwartet Dich in einer betriebsamen Straße.

Der Fluß vor Dir ist der Nil. Seine Bedeutung für die Menschen hier und für Deine Aufgabe kann gar nicht genug betont werden. Angesichts der vorbeidrängenden wohlhabenden Menschen mit ihren Einkäufen bester Lebensmittel ist Dir vielleicht nicht klar, daß Du mitten in der Wüste bist, wo manchmal nur an einem Tag im Jahr Regen fällt. Diese großartige Zivilisation ist in ihrem Bestand und Erfolg völlig von den Wassern des nahen Nils abhängig.

Sei also auf keinen Fall unvorsichtig im Umgang mit Wasser – Du würdest sofort auffallen. Jeder hier verbrauchte Tropfen Wasser muß mit einem einfachen Schöpfwerk aus dem Fluß gehoben oder durch ein simples Bewässerungssystem kanalisiert werden. Wasserrohre heutiger Art gibt es nicht.

Sei vorsichtig. Die Sonne scheint hier erbarmungslos. Nur die Reichen mit ihren Schwimmbädern in schattigen Innenhöfen können sich Sklaven leisten, die ihnen Luft zufächeln, während sie sich durch Tanz und Musik unterhalten lassen. Diese Zivilisation verfügt nur über einfachste Technik – keine Elektrizität, und nicht einmal Dampfkraft. Die Energie in dieser Stadt liefern sozusagen die unzähligen Sklaven. Die ehrgeizigen Bauprojekte der Ägypter ebenso wie ihre luxuriöse Lebensweise wären ohne sie unmöglich.

Die schnellste Fortbewegungsart für Deine Suche ist zu Fuß. Die hiesigen Karren mit Holzrädern kommen nur langsam vorwärts. Ein wichtiger Verkehrsweg ist auch der Nil. Boote aus Holz und Binsen transportieren nicht nur Menschen und Güter, sondern auch die riesigen Steinblöcke, die für den Bau der großen Tempel am Ufer des Flusses gebraucht werden.

Die auf Wänden und Säulen eingeschnitzten und gemalten Zeichen sind keine Verzierung, sondern Schriftzeichen. Jedes kleine Bild eines Vogels oder Gegenstands steht für einen bestimmten Wortlaut. Verschwende keine Zeit damit, die Zeichen auf den Säulen zu übersetzen, sondern achte wie immer nur darauf, ob irgend etwas aus der Zukunft gekommen ist, das nicht am richtigen Ort ist.

Um hier in Theben alle diese falschen Dinge zu finden, mußt Du in die Privathäuser und die Gärten der Reichen hineingehen. Erkundige Dich nicht oder beschwere Dich nicht. Tu einfach so, als müßtest Du irgend etwas Offizielles für einen hohen Beamten erledigen. Dann wird man Dich nicht aufhalten. Geh also zügig, aber paß dabei auch auf die winzigste Kleinigkeit auf.

Denke daran, daß Du innerhalb einer Stunde zwanzig zeitverschobene Objekte zu finden hast. Wegen der großen Hitze und der fehlenden Kühlmöglichkeiten rate ich Dir dringend, während Deines Aufenthalts nichts zu essen und zu trinken. Noch eine Warnung: Hüte Dich vor den gepflegten Katzen und Hunden, die von den wenigen privilegierten Reichen als Schoßtiere gehalten werden. Sie könnten Deine wahre Identität spüren.

Die Zeit läuft …

DAS HERZ EINES WELTREICHS

Reisender, schnell! Dein ungewöhnliches Aussehen fällt hier sofort auf. Such Deine Cyberform, die von der anderen Seite des Schwimmbeckens die Szene in diesem eleganten Bad betrachtet. Du bist in Rom, der Hauptstadt eines riesigen Weltreichs, im Jahr 100. Diese Männer sind selbstsicher und skrupellos. Fehler kannst Du Dir hier nicht leisten.

Das leichte und luxuriöse Leben vor Deinen Augen überrascht nicht. Diese Menschen besitzen gewaltige Macht. Die Römer beherrschen das ganze südliche Europa, sogar bis nach England. Sie herrschen über Nordafrika einschließlich Ägypten. Auch in weiten Gebieten Asiens haben sie die Oberhoheit. Und Rom ist der Mittelpunkt des Ganzen. Von hier aus regiert Kaiser Trajan ein Weltreich, dessen größte Ausdehnung in Kürze bevorsteht.

Doch diese Macht wird, wie so oft, auf Kosten anderer ausgeübt. Sklaven aus allen Teilen des Reichs werden gekauft und verkauft, um den herrschenden Klassen zu dienen. Nur wenige Frauen können über ihr Leben selbst bestimmen. Und Millionen von Menschen im ganzen Reich gehorchen dem Diktat einer fremden Macht, von der sie als Barbaren bezeichnet werden.

Doch wenn Du Dich umsiehst, entdeckst Du auch Hinweise auf die Vorteile, die die Römer weit entlegenen Ländern gebracht haben. Gebildete Römer haben die Kunst des Lesens und Schreibens in Länder gebracht, in denen es zuvor keine geschriebene Sprache gab. Viele Gebäude, wie dieses hier, sind mit Leitungswasser und Fußbodenheizung ausgestattet. Eindrucksvolle Bauleistungen – ein Netz von Straßen im ganzen Reich, Aquädukte, die Wasser über trockenes Land hinweg befördern – haben einigen wenigen, vertrauenswürdigen Einwohnern der eroberten Gebiete einen nie erträumten Luxus gebracht.

In dieser wohligen Atmosphäre gerätst Du vielleicht in Versuchung, Dich zu entspannen. Bäder wie diese gibt es in den meisten Städten. Die römischen Männer treffen sich hier zu sportlichen Übungen, zum Ausruhen oder auch zu geselligen Kontakten, bei denen es sich gut über Geschäfte reden läßt. Durch Sport und Gymnastik halten sie sich fit, und dann lassen sie sich von Sklaven baden und mit Erfrischungen versorgen.

Aber sei jederzeit auf der Hut! Diese Gesellschaft bewahrt ihre Macht durch rücksichtslose Gewaltanwendung. Die römischen Herrscher müssen wachsam sein. Aufruhr und Attentate sind nicht unbekannt. Wenn Du als Spion gefaßt wirst, wirst Du schnell und erbarmungslos bestraft. Und was noch schlimmer ist, Hunderte von Zuschauern werden sich daran ergötzen, wie Du durch das Schwert eines Gladiators stirbst oder von wilden Tieren zerrissen wirst.

Auch wenn Du hier mancherlei Bekanntes vorfindest, denk daran, daß diese Gesellschaft von unserer völlig verschieden ist. Zwar gibt es fähige Künstler und Ingenieure, aber elektrische Energie gibt es nicht. Auch keine Fabriken für eine Massenproduktion. Es sind nur natürliche Stoffe und Materialien bekannt. Diese Männer fühlen sich allmächtig, aber ihre Kenntnisse vom Universum, wie wir es kennen, sind noch gering.

Durch Deine Schulbildung weißt Du, daß dieses Reich nicht immer bestehen wird. Etwa 400 Jahre nach dieser Zeit werden Barbaren die Tore Roms erstürmen. Doch Rom hat uns Vermächtnisse hinterlassen, die von der Zeit niemals ausgelöscht werden können. Von der Sprache der Römer, Latein, finden sich auch in unserer Sprache viele Spuren. *Tempus fugit*, Reisender – die Zeit vergeht. Mögest Du ebenso schnell sein in Deiner Suche.

GEWALT UND SCHRECKEN

Reisender, lies dies Schreiben unverzüglich und gehe mit größter Vorsicht vor. Du bist im Jahr 793 angekommen, und Du befindest Dich an der windigen und kalten Nordostküste Britanniens.

Die Luft ist erfüllt von den Schreien der Menschen, von Möwengeschrei und Waffengeklirr, während Dir dichter Rauch, vom Salzwind getrieben, in den Augen brennt. Du mußt *sofort* Deine Cyberform finden – und dann fliehen. Deine Cyberform ist von einem jungen Mönch geklont, der verzweifelt davonläuft und den nur noch Sekunden von seinem Tod durch das Schwert eines Nordmannes trennen. Auch die spiegelbildliche Cyberform ist auf der Flucht und hält krampfhaft eine Silberplatte fest.

Um die zwanzig zeitverschobenen Objekte zu finden und sicher in die nächste Zone weiterzukommen, mußt Du unbedingt der Gefangenschaft entgehen. Ich rate Dir, in das Meer zu fliehen und dann unbemerkt um die Schiffe herumzuschwimmen, nachdem sie alle gelandet sind.

Dies mag nur wie eine kleine und abgelegene Ansiedlung erscheinen, doch die Nachricht von diesem Überfall der Wikinger wird Wellen von Schrecken in ganz Europa auslösen. Das ferne Kloster Lindisfarne ist berühmt als eine Stätte christlicher Gelehrsamkeit. »Von dem Zorn der Nordmänner befreie uns, guter Gott!« beten die Menschen in den Küstendörfern Britanniens schon lange, doch nie zuvor war eine bedeutende christliche Gemeinde angegriffen worden. Die Drohung eines Wikingereinfalls schwebt seit langem über weiten Teilen des Kontinents – und diese Drohung ist jetzt um einiges wirklicher geworden.

Zwar ist jetzt Juni, aber Du wirst merken, daß diese nördlichen Gewässer eisig sind. Die Wikinger sind furchtlose Seeleute. Sie durchfahren Tausende von Meilen in Booten, die mit einfachsten Eisenwerkzeugen gebaut wurden. Sie besitzen keine Instrumente für die Navigation und keine Sicherheitsausrüstungen für Notfälle. In den Booten wird Deine Suche schnell beendet sein, denn ihre Ausstattung ist äußerst karg. Die Ruderer sitzen auf Kisten, in denen ihre wenigen Habseligkeiten untergebracht sind. Nahrungsmittel und Fässer mit Süßwasser füllen die Mitte des engen Boots aus. Es bleibt gerade genug Platz für Waffen und Schilde, aber Schutz vor der Gewalt des Windes und der Wellen finden die Männer nicht.

Ohne Seekarten, Licht oder Radar sind die Wikinger bei der Durchquerung großer Wasserflächen ganz auf ihr seemännisches Können angewiesen. Auch sind sie tapfere, unerschrockene Krieger. Beim Kampf mit ihren schweren Schwertern, Speeren und Bögen werden sie nur durch ihre Helme, Rundschilde und ihre Kleidung aus Wolle und Leder geschützt.

Diese Normannen kommen aus Dänemark. Die fruchtbaren Ackerböden Britanniens versprechen Lebensmittel und reiche Beute, die sie in ihr Heimatland bringen, das das eigene Volk nicht ernähren kann. Doch die grobwollene Kutte, die Deine Cyberform trägt, zeigt Dir, daß das Leben für die Mönche von Lindisfarne auch nicht leicht ist. An diesem abgelegenen Ort bauen sie ihre eigenen Ackerfrüchte an, sammeln Holz für die Feuer, die ihre einzige Wärmequelle sind, und kopieren und verzieren religiöse Texte in mühevoller Handarbeit.

Wie Du weißt, was aber die dem Untergang geweihten Mönche noch nicht wissen können, werden auch die Normannen in den kommenden Jahrhunderten Christen, und ihre Führer regieren in kluger Herrschaft über große Teile Europas. Aber an diesem Tag des Schreckens darfst Du noch keine Gnade erwarten.

EINE PREDIGT AUS STEIN

Reisender, Du bist in Chartres in Frankreich, in dem Staub und Durcheinander einer mittelalterlichen Baustelle im Jahr 1218. Gib gut auf Dich acht, denn moderne Sicherheitsvorschriften gelten auf dieser Baustelle nicht! Du mußt Deine Cyberform schnell finden, weil die Erkundung des Gebäudes und seiner Umgebung Zeit braucht. Deine Cyberform ist von einem Arbeiter geklont, der hoch über dem Boden Leib und Leben riskiert. Sein Spiegelbild, das einen spiegelnden Gegenstand hält, steht nur wenig tiefer.

Du kannst Dich leicht zu Fuß unter die Leute mischen, die gekommen sind, um die Kathedrale zu bestaunen, doch achte darauf, daß Du nicht durch ein ungewöhnliches Benehmen auffällst. Jeder dieser Menschen kennt genau seinen Rang und Platz in der Gesellschaft. Daß sich daran etwas ändern könnte, hält man für einen ketzerischen Gedanken. Ein Verhalten, das anders oder ungewöhnlich ist, kann als Werk des Teufels betrachtet werden. Vom Teufel »verführte« Menschen kommen an den Pranger oder werden noch schlimmer bestraft. Gib acht, daß Du nicht zu jenen unglücklichen Außenseitern gehörst, die wegen einer harmlosen Andersartigkeit als Hexen auf dem Scheiterhaufen verbrannt werden.

Das Leben ist sehr unsicher für die Menschen dieser Zeit. Das medizinische Wissen ist sehr begrenzt, und das Leben kann schmerzvoll und kurz sein. Zum Ausruhen ist kaum Zeit. Nur wenige können lesen oder schreiben. Die reichen Landbesitzer und die Bischöfe und Priester haben große Macht über das einfache Volk. Jeder muß daran glauben, daß das scheinbare Chaos der Welt Teil einer größeren Ordnung ist. Der christliche Glaube verspricht, daß alles ein Teil von Gottes Plan ist. Die geordnete Schönheit der Kathedrale soll eine Vorstellung von der Harmonie aller Dinge in Gottes Schöpfung vermitteln. Diese Zeit, in der Du Dich gerade befindest, wird später *Gotik* genannt werden.

Wenn Du vor der beeindruckenden Westfassade der Kathedrale stehst und zu den Verzierungen der mächtigen Steinwand über Dir hinaufblickst (wobei Du aufpassen mußt, daß Du nicht von vielleicht herunterfallenden Werkzeugen oder Bausteinen getroffen wirst!), wirst Du Dich fragen, wie ein so großartiges Bauwerk ohne elektrische Werkzeuge oder Maschinen und sogar ohne ein stählernes Baugerüst errichtet werden kann. Und dabei müssen die mächtigen Steinquader auch noch über weite Strecken auf Flußbooten oder mit Ochsenkarren herangeschafft werden.

Die Baumeister planen, entwerfen und bauen ohne technische Fachkenntnisse, um die Spannungen und Drucklasten auf die massiven Säulen und Gewölbe zu berechnen. Was sie statt dessen haben, und das in hohem Maße, ist ihr Glaube.

Geh dem Bischof und den hohen Geistlichen aus dem Weg. Sie haben scharfe Augen und einen wachen Verstand. Viele große Kirchen und Städte gedeihen von dem Geld der Pilger – gottesfürchtiger Christen, die zu Pferde oder zu Fuß wallfahren, um vor einer Reliquie zu beten, einem Stück Knochen oder einem Rest der Kleidung eines Heiligen, und Gottes Segen zu erbitten.

Die Bauarbeiten vor Deinen Augen sind die Folge eines verheerenden Brandes im Jahre 1194. Einige Tage nach dem Brand war die Zukunft der Kathedrale und der Stadt ungewiß. Doch dann wurde die berühmteste Reliquie der Kathedrale, von der es hieß, sie sei ein Stück vom Gewand der Jungfrau Maria, wunderbarerweise unversehrt wiedergefunden, und ein Seufzer der Erleichterung ging durch die ganze Stadt. Nun konnte die Stadt wieder mit Strömen von Besuchern rechnen, und aus der Asche der Vergangenheit würde eine neue Zukunft erstehen.

ENTDECKUNG UND WIEDERENTDECKUNG

Reisender, hier gibt es keine von Menschen wimmelnde Straße, wo Du untertauchen könntest. Dies ist ein Privathaus in Florenz, Italien, im Jahre 1492. Zum Glück ist Deine Cyberform schnell zu finden. Sie ist von einem jungen Mann geklont, der auf einem Balkon plaudert, und trägt eine glänzende Schüssel. Als Diener kannst Du Dich leicht in diesem Raum bewegen, ohne aufzufallen. Aber sei trotzdem nicht zu neugierig.

Du befindest Dich im Haus einer wohlhabenden und mächtigen Familie zu einer Zeit, in der große und aufregende Veränderungen stattfinden. Seit Hunderten von Jahren war die Kirche das Zentrum aller Gelehrsamkeit. Doch jetzt finanzieren reiche Förderer die wissenschaftliche Forschung, Künste, Musik und Astronomie. Es herrscht großer Wissensdurst in der Welt, die man damals weniger kennt als wir heute die Milchstraße.

In diesem Jahr hat Kolumbus den Atlantik überquert und die Westindischen Inseln erreicht. Mit ihren noch begrenzten Kenntnissen haben die Kartenzeichner einen Globus als Abbild der Erde entwickelt. Der junge Michelangelo schafft die herrlichsten Werke der Kunst. Leonardo da Vinci hat eine Flugmaschine erfunden. Gewiß, es werden noch Hunderte von Jahren vergehen, bevor zum ersten Mal eine flugtüchtige Maschine zum Himmel aufsteigt, aber seine visionäre Sicht und Vorstellungskraft können wir nur bewundern.

In diesem Jahr ist Lorenzo der Prächtige aus dem Hause Medici gestorben, der bedeutendsten Familie von Florenz. Das Genie reicher und mächtiger Männer wie Lorenzo besteht darin, sich das Beste zunutze zu machen, was die Vergangenheit hinterlassen hat, und gleichzeitig in die Zukunft zu investieren. Diese Zeitzone erhielt später den Namen *Renaissance*, also Wiedergeburt, weil ein starkes und wachsendes Interesse an der Lebensart und dem Erfolg der römischen und griechischen Menschen und Kulturen entsteht.

Aber die Wiederentdeckung der Klassik ist nur die eine Seite. Die Menschen der Renaissance sind an der Zukunft ebenso interessiert wie wir heute.

Die Begeisterung für das neue Gedankengut der italienischen Renaissance breitet sich rasch in ganz Europa aus, doch erreicht sie hier in Florenz vielleicht ihre höchste Blüte. Überall in der Stadt entstehen wunderschöne Neubauten, auf den Plätzen werden von Künstlern Statuen errichtet, und das Geschäftsleben blüht.

Der Reichtum der Familie Medici ist das Ergebnis erfolgreicher Handelsgeschäfte, was um so mehr Bewunderung erweckt, da es die modernen Hilfsmittel wie Computer und Telefon für die Lenkung eines großen Handelsimperiums noch nicht gibt. In ihren Büros, umgeben von Aktenbergen, führen die Angestellten mit Gänsefeder und Tinte die Bücher.

Denke daran, Dich mit gesenktem Blick und ehrerbietiger Haltung durch den Raum zu bewegen. Diese wohlhabende Familie beschäftigt eine Vielzahl von Dienern, um bequem zu leben. In den Zeiten ohne Elektrizität leisten sie all die Arbeiten, die für Heizung und Beleuchtung des Hauses, die Zubereitung von Speisen und Getränken und die Unterhaltung ihrer Arbeitgeber notwendig sind.

Die Explosion des Wissens hat nicht zur Verbesserung der Lebensumstände von jedermann geführt, doch in der Luft liegt ein Gefühl von Erwartung und Veränderung zum Guten. Für Menschen mit Sinn für Handel und mit der Chance, einen wohlhabenden Arbeitgeber zu finden, stehen die Zeichen günstig. Nutze Deine Chance, die zwanzig zeitverschobenen Gegenstände so schnell wie möglich zu finden, denn die Zeit ist in so raschem Wandel begriffen wie die heutige.

ZUSAMMENPRALL DER WELTEN

Reisender, Du erlebst das schicksalhafte Aufeinandertreffen von zwei Welten. Du stehst in Tenochtitlan in Mexiko, der Hauptstadt des großen Aztekenreichs. Wir befinden uns im Jahr 1519, weniger als drei Jahrzehnte, nachdem die ersten Europäer den amerikanischen Kontinent betraten. Aufgeregtes Reden und Treiben herrscht unter der Volksmenge unter der sengenden mexikanischen Sonne, doch Du spürst vielleicht auch die Stimmung von Unbehagen und Mißtrauen.

Such gleich Deine Cyberform. Sie bietet Dir einen guten Überblick. Sie ist von einem Kind geklont, das auf den Schultern seines Vaters sitzt, und hat den gleichen Aussichtspunkt, nur daß sie ein spiegelndes Objekt trägt.

Inmitten all des Glanzes der Situation wird Dein Blick von den kraftvollen Gesichtern zweier Männer angezogen. An der Spitze von nur sechshundert Soldaten hat der schwarzbärtige Cortez, ein spanischer Glücksritter, mit Segelschiffen die Überquerung des Atlantiks gewagt, angelockt von Gerüchten über große Reichtümer auf dem noch nicht kartographierten Festland. Er hatte mit einer Schlacht gerechnet, nicht aber mit einem Willkommen, das eines Gottes würdig wäre.

Starre nicht zu unverhohlen in das Gesicht des Mannes ihm gegenüber, denn er gilt als Gott-König. Montezuma, der Kaiser der Azteken, umgeben von seinem goldenen Hof, erscheint allmächtig. Doch er macht einen tragischen Fehler. Unter den aztekischen Göttern hat Quetzalcoatl, der Gott des Windes, ein weißes Gesicht, einen schwarzen Bart und trägt eine federgeschmückte Kopfbedeckung. Eine Legende besagt, daß diese Gestalt aus der Vergangenheit zurückkehren und Glück bringen wird. Und für diesen Gott hält Montezuma den Spanier. Aber es ist nicht die Vergangenheit, die jetzt vor Montezuma steht. Es ist die Zukunft, und die Zukunft ist schrecklich.

Das Auffinden der zeitverschobenen Gegenstände mag Dir in der Hauptstadt der Azteken nicht ganz leicht vorkommen, wirkt sie doch eher wie eine Stadt der Zukunft, erbaut in der Mitte eines Sees, mit einem rechtwinkligen Straßennetz wie eine moderne Metropole. Die Einwohner scheinen sich eines zivilisierten Lebens zu erfreuen. Aquädukte versorgen das Zentrum mit frischem Wasser, und überall finden sich reiche Verzierungen und Goldschmuck.

Am besten unternimmst Du Deine Entdeckungsfahrt mit einem Boot, indem Du mit einem einfachen aztekischen Kanu die zahlreichen Kanäle abfährst. Beim weiteren Vordringen in die Stadtmitte findest Du vielleicht Merkmale, die eher für eine frühere Kultur typisch sind. Die Azteken haben das Rad oder die Nutzung des Eisens noch nicht entdeckt. Sie haben auch noch keine Schrift – die Angaben in ihren Dokumenten sind durch Bilder dargestellt.

Vermeide es unbedingt, Dir Deine Reaktionen auf die religiösen Bräuche anmerken zu lassen, so schwer es Dir auch fällt. Denke daran, wie es Cortez nicht tat, daß Du nur ein Besucher aus einer anderen Welt bist und nicht Einfluß zu nehmen hast. Die Azteken glauben, daß nur durch Opfer von Menschenleben sichergestellt wird, daß der Sonnengott an jedem Morgen wieder erscheint. So sind die Steinstufen der Tempel rot gefärbt von Menschenblut.

Nimm diesen seltenen Anblick einer dem Untergang geweihten Stadt gut in Dich auf. Die spanischen *Conquistadores* haben nicht die Geschichtskenntnisse, wie Du sie hast. Innerhalb weniger Jahre werden die Azteken durch Kämpfe und durch europäische Krankheiten fast völlig ausgelöscht sein. Doch hoch über der Stadt Mexiko, die auf dem früheren Standort von Tenochtitlan erbaut ist, flattert heute die rot-weiß-grüne Fahne Mexikos und zeigt noch immer das Bild eines auf einem Kaktus hockenden Adlers. Ein kleines Stück der aztekischen Legende lebt fort.

EINE TÜR FÄLLT ZU

Reisender, suche schnell Deine Cyberform, denn im Japan des 17. Jahrhunderts sind Besucher weniger und weniger erwünscht. Du befindest Dich im betriebsamen Hafen von Nagasaki im Jahre 1633. Deine Cyberform ist von einer sich ehrerbietig verbeugenden Dienerin geklont und trägt Erfrischungsgetränke in hochglänzenden Gefäßen.

Auf Deinem Weg durch den Hafen spürst Du die Spannung, die in der Luft liegt. Es ist noch nicht einmal hundert Jahre her, daß die ersten Europäer Japan besuchten, obwohl Nachrichten von seinen Reichtümern einigen Abenteurern schon Jahre zuvor zu Ohren gekommen waren. Auch Christoph Kolumbus suchte Japan auf seiner abenteuerlichen Reise. Bis zu seinem Tode glaubte er, es gefunden zu haben.

Für Europäer ist die Seereise zu diesem so anderen Land noch immer lang und gefährlich. Aber sie ist auch sehr lohnend. Europäische Waren können gegen Seide, Gewürze, Porzellan und Silber eingetauscht werden. Und stell Dir doch einen Moment lang das große Staunen vor, mit dem diese so verschiedenen Völker einander betrachteten. Für die Japaner sind die Europäer seltsame haarige Geschöpfe mit roten Gesichtern. Und die Besucher finden ihrerseits vieles vor, was sie nicht verstehen können: eine fremde Sprache, eine merkwürdige Schrift und exotische Gebräuche.

Wie Du weißt, Reisender, treten beim Zusammentreffen zweier verschiedener Welten oft Schwierigkeiten auf, vor allem, wenn die eine Seite es darauf anlegt, die Lebensweise der anderen zu verändern. Christliche Missionare haben bereits große Erfolge erzielt, die Japaner von ihrem eigenen Glauben abzubringen. Jetzt aber sind sie in Gefahr, und der Austausch von Waren und Gedankengut steht kurz vor seinem Ende.

Der in Japan herrschende Shogun, der oberste Kriegsherr, befürchtet, daß ausländischer Einfluß seine Macht bedrohen könnte. Bald werden nur noch die Holländer, die sich auf einer winzigen Insel im Hafen von Nagasaki niedergelassen haben, mit den Japanern Geschäfte betreiben können. Die christliche Religion wird durch Gesetz verboten. In fast jeder Hinsicht bleibt Japan während der kommenden zwei Jahrhunderte vom Rest der Welt abgeschnitten.

Die Japaner selbst dürfen nicht mehr ins Ausland reisen. Verlassen sie trotzdem ihr Land, so dürfen sie nicht mehr zurückkehren. Obwohl sie fähige Seeleute sind, werden keine seetüchtigen Schiffe mehr gebaut. Nur noch kleinere Boote, die das Meer in Küstennähe befahren können, werden erlaubt sein.

Aber das Japan, wie Du es hier siehst, bleibt nicht wie eingefroren in der Zeit stehen. Ungestört von der übrigen Welt sieht Japan zwei Jahrhunderten des Friedens entgegen, in denen es sich entwickeln und wachsen kann. Ähnlich wie in Europa wird die Macht allmählich den militärischen Befehlshabern, den legendären *Samurai*, entgleiten und in die Hände der Kaufleute und Geldverdiener übergehen.

Sei vorsichtig, aber sei auch glücklich über Deine Entdeckungsreise durch diese lebensvolle und blühende Gesellschaft. Die wohlhabenden Japaner leben in schönen Häusern und erfreuen sich an Malerei, Dichtkunst und Musik. Exquisites Porzellan, Lackarbeiten und Seidenbrokate sind von feinerer Art als in Europa. Indem Japan fremde Besucher fernhält, kann es sehr eigenständig über sein Schicksal bestimmen. Unser Schicksal aber liegt in Deiner Hand. Du kennst Deinen Auftrag ... und Du hast mehr zu verlieren als nur Zeit.

19

DER TOD EINES KÖNIGS

Reisender, Du befindest Dich in Paris an einem kalten Januarmorgen des Jahres 1793. In Kürze wird eine Hinrichtung stattfinden.

Obwohl Hunderte von Polizisten für Ordnung sorgen, herrscht große Unruhe. Finde also schnell Deine Cyberform. Sie ist von einem Kavallerie-Offizier geklont, der auf die Guillotine blickt. Einen ähnlichen Standort hat die Cyberform, und sie hält einen spiegelnden Gegenstand. Zu Pferde hast Du einen guten Überblick über alle Vorgänge. Durch Deinen Rang als Offizier kannst Du Dich frei in der Menge bewegen, während Du nach den Objekten suchst, die nicht in diese Zeit gehören.

In dem dunstigen Morgenlicht erscheint das Gesicht des Verurteilten unter der Guillotine besonders blaß. Er öffnet den Mund zum Sprechen. Doch sofort beginnt jeder Trommler auf dem Platz laut loszutrommeln, so daß die letzten Worte des Königs untergehen. Der Lärm ist ohrenbetäubend. Aber selbst wenn die Menge die Rede hören könnte, würde sie kaum eine Rettung versuchen. Dafür ist es längst zu spät.

Seit beinahe vier Jahren gibt es in Frankreich eine Revolution. Das Land hatte früher unter der Herrschaft des Königs und der reichen Adligen gestöhnt, die im Luxus lebten, während die meisten Menschen des Volkes unter bitterer Armut litten. Als der König darenging, die Steuern zu erhöhen, um seine Kriege im Ausland zu finanzieren, revoltierte das Volk. Einer der ersten Akte des Aufruhrs war der Sturm auf das Bastille-Gefängnis im Jahre 1789, der zum Ausbruch der Französischen Revolution führte.

Die imposanten Gebäude rundum sind mit Brettern vernagelt, und diejenigen Reichen, die sich in Sicherheit bringen konnten, halten sich hinter verschlossenen Türen verborgen. Es ist nicht der Reichtum an sich, der den Zorn und Haß der Revolutionäre aufgestachelt hat, sondern die Tatsache, daß das Wohlleben der wenigen Reichen mit dem Elend der vielen erkauft wird. Die rund um den Platz wehenden Fahnen werden Dir bekannt vorkommen. Die Revolutionäre zeigen ihre Unterstützung für die Sache durch das Tragen roter Kappen mit einer blauweißen Rosette. Die blau-weiß-rote Fahne ist noch heute die Nationalflagge Frankreichs, genannt die Trikolore.

Unter dem Dröhnen der Trommeln wartet die berühmte Guillotine auf ihr königliches Opfer. Auch die Welt wartet. Zwar gibt es Rundfunk und Fernsehen noch nicht, doch die Zeitungen sind zu einem wichtigen Mittel für die schnelle Verbreitung von Nachrichten geworden. Diese Nachrichten verstärken das bereits vorhandene Gefühl in der ganzen westlichen Welt, daß die einfachen Menschen und nicht nur die Reichen und Mächtigen das Recht haben, über ihre Regierung und ihr Leben zu entscheiden. Die Revolutionäre um Dich herum verleihen ihrem Glauben Ausdruck mit dem Ruf nach »Freiheit, Gleichheit, Brüderlichkeit«.

In wenigen Sekunden wird die Nachricht vom Tod des Königs aus Paris bis in die entferntesten Winkel Europas und der weiteren Welt hinausdringen. Jedenfalls so schnell, wie ein Reiter auf einem guten Pferd sie tragen kann. Täglich werden große wissenschaftliche Entdeckungen gemacht, doch für die merkwürdigen Funken mit dem Namen Elektrizität ist noch keine nützliche Verwendung gefunden. Und auch die Revolutionierung von Industrie und Verkehr durch die kürzlich erfundene Dampfmaschine steht noch bevor.

Mach das Beste aus diesem Moment, da eine – wenn auch – unstabile Ordnung herrscht. Deine Aufgabe könnte schwieriger werden, nachdem die blanke Klinge niedergesaust ist und das Land keinen König mehr hat.

UNTER RAUCHGESCHWÄRZTEM HIMMEL

Reisender, Du hast einen Sprung von fünf Jahrzehnten getan in ein Land, in dem eine ganz andere Art von Revolution im Gange ist. Gewaltige Umwälzungen in Industrie und Landwirtschaft werden den Gang der Welt für immer verändern. Du bist in Manchester in England im Jahr 1845.

Deine Cyberform ist von einem Landarbeiter geklont, der auf einem Feld umgräbt. Sein Spiegelbild bereitet sich gerade auf eine andere Arbeit bei der Hütte vor. Finde die Cyberform schnell, denn es gibt viel zu sehen und zu lernen.

Wenn Du von Deiner Arbeit aufschaust, fühlst Du vielleicht die Augen des Grundbesitzers auf Dir ruhen, doch Du brauchst Dich nicht vor Entdeckung zu fürchten. Er hat wenig Interesse an einem einzelnen Mann und der geringen Pacht, die Du für die Kate zahlst. Er hat größere Pläne. An diesem Morgen blickt er über das Land und stellt sich seine neue Fabrik vor, wo dampfgetriebene Maschinen mehr Baumwolltuch in einer Woche weben werden, als ein ganzes Dorf voller Handwerker und Frauen in einem ganzen Jahr herstellen könnten.

Die Weberei wird einen hervorragenden Standort haben. Das fertige Tuch muß jetzt nicht mehr mit langsamen Pferdefuhrwerken oder auf Packpferden über ausgefahrene Landstraßen zum Markt gebracht werden. Es wird direkt auf ein Boot auf dem nahe gelegenen Kanal geladen und dann auf dem Netz von Wasserstraßen transportiert, die jetzt das ganze Land durchziehen. Und bald wird auch die neue Eisenbahn jede Stadt und jeden Hafen erreichen.

Die Landarbeiter auf den Feldern sind sich noch nicht bewußt, daß ihre Lebensweise bedroht ist. Aber auch auf dem Land hat es schon Veränderungen gegeben. Zwar erleichtern noch keine Maschinen die harte Arbeit, doch hat sich die neue Methode des Fruchtwechsels zum Erhalt der Frucht-barkeit der Äcker bereits durchgesetzt. Das Gemeindeland wurde eingezäunt. Doch was immer sonst sich noch ändern mag, das landwirtschaftliche Jahr wird immer seinen eigenen Rhythmus haben. Das Tagwerk der Landarbeiter wird weiter vom Morgen bis zur Abenddämmerung dauern, gleich bei welchem Wetter, und Jahreszeit wird auf Jahreszeit folgen wie immer.

Sei vorsichtig, wenn Du in die wachsende Industriestadt gehst. Für die Gesundheit ist das kein guter Ort. Über den Fabriken hängen Wolken von schwarzem Rauch, und das Rattern der Maschinen hört niemals auf. Tag für Tag und Woche für Woche schuften die Arbeiter im Dienst der mächtigen Maschinen. Wir raten Dir, nicht in die Fabriken hineinzugehen. Die meisten Fabrikbesitzer interessieren sich weniger für die Sicherheit ihrer Arbeiter als für ihre Profite. Selbst kleine Kinder arbeiten viele Stunden lang in gefährlichen Tätigkeiten. Vermeide die Straßen, wenn die Werkssirene das Ende der Schicht ankündet. Dann sind die schmalen Gassen verstopft von Hunderten von Arbeitern jeden Alters, die sich müde auf den Heimweg in ihre engen Ziegelhäuser machen.

Bei Deinen Nachforschungen wird Dir klar, warum dieses Land die Welt in das Industriezeitalter führt. In diesem kleinen Gebiet liefern die Kohlebergwerke den Treibstoff für die Dampfmaschinen, und es wird Erz gegraben, aus dessen Eisen die riesigen Maschinen gefertigt werden. Schnelligkeit und Gewinn bestimmen die Tagesordnung.

Nicht jeder ist zufrieden mit den regelmäßigen Arbeitszeiten und den Löhnen, die die Fabriken mit sich bringen. Vielleicht triffst Du einige, die gegen das Aufkommen der Maschinen protestieren. Doch laß Dich auf keine Diskussionen ein. Diese Leute wissen nicht, was Du weißt, daß nämlich ihre Lebensweise sich für immer verändert hat.

23

IM FERNEN WILDEN WESTEN

Reisender, es mag Dir unglaublich vorkommen, aber diese geschäftige Stadt, in der Du jetzt bist, gab es vor zehn Jahren noch gar nicht. Damals erstreckte sich hier Meile um Meile unberührtes Land, so weit das Auge reichte. Du bist in Oregon, im fernen Westen der Vereinigten Staaten von Amerika. Wir schreiben das Jahr 1876.

Die Leute hier sind Fremden gegenüber mißtrauisch. Es heißt, daß sie erst handeln und dann Fragen stellen. Suche sofort Deine Cyberform. Sie wurde von einer Frau geklont, die beim Entladen einer Postkutsche zusieht. Ihr Spiegelbild sieht tatsächlich selbst ein Spiegelbild an!

Um Dich herum entwickelt sich ein Land mit unglaublicher Geschwindigkeit. Oregon selbst wurde erst 1859 ein Staat, und die Karte der Vereinigten Staaten sieht damals noch sehr viel anders aus, als wir sie heute kennen. Während Du auf dem hölzernen Bürgersteig gehst, kannst Du Fetzen von Unterhaltungen in vielen Sprachen auffangen. Glücklicherweise kannst Du sie ja aufgrund Deiner Ausbildung alle verstehen. Die Siedler kommen aus China, Afrika, Rußland und vor allem aus Europa. Viele von ihnen haben genau die Dinge hierhergelockt, die schon ganz am Anfang Europäer veranlaßten, ihren Fuß auf amerikanischen Boden zu setzen: die Verlockungen des Goldes und die Verheißung eines besseren Lebens.

An diese Verheißung können die Ureinwohner dieses Landes, die Indianer, nur schwer glauben. Die ursprünglichen Bewohner Amerikas haben die Neuankömmlinge zunächst willkommen geheißen, um dann aber festzustellen, daß ihre ganze Lebensweise durch andersartige Denkweisen und Gebräuche bedroht wurde. Durch Mißverständnisse und gebrochene Versprechen sind zahlreiche Konflikte entstanden. Für die ersten und ältesten Amerikaner sieht die Zukunft düster aus.

Zeige Dich nicht erschrocken darüber, daß jeder, dem Du begegnest, eine Feuerwaffe zu tragen scheint. Trotz der Bemühungen des Sheriffs sind die Zeiten noch rauh und gefährlich. Gier und Whisky sind mächtige Triebfedern. Jeder möchte in der Lage sein, sein Eigentum zu verteidigen, ganz besonders dann, wenn dazu auch Gold gehört. Seit 1849 in Kalifornien Gold gefunden wurde, haben sich Tausende von Goldschürfern mit ihren Maultieren auf die Reise nach Westen gemacht. Heute kann es Dir wahrscheinlich leichter passieren, vom Huf eines dieser Maultiere getreten zu werden als kaltblütig niedergeschossen zu werden!

Bleib auf dem Gehsteig, wenn Du den schlimmsten Schmutz vermeiden willst, vor allem wenn ein Reiter im Galopp vorbeiprescht. Er mag vielleicht an den legendären Pony-Expreß erinnern, doch durch die Einführung des Telegrafen haben diese wilden Ritte ihr Ende gefunden. Nachrichten können jetzt in Sekundenschnelle von der Ostküste in den Westen übermittelt werden, allerdings müssen Briefe doch noch langsamer mit der Bahn reisen.

Die Eisenbahn, die erst vor sieben Jahren fertiggebaut wurde, bietet jetzt die beste Möglichkeit, den Kontinent zu durchqueren. Die dreckverkrusteten und ramponierten Planwagen, die auf monatelangen Trecks die Reise von Osten in den Westen machen, gehören schon fast der Vergangenheit an.

Diese Zeitzone mag Dir bekannter vorkommen als die, die Du zuvor aufgesucht hast. Zwar bist Du noch in einem Zeitalter vor der Elektrizität und dem Automobil, aber die Fotografie gibt es inzwischen. Szenen wie diese hast Du daher vielleicht schon in Deinem eigenen Zeitalter gesehen. Aber Fotos können Dich nicht vollständig auf die Laute und (da es noch keine ordentliche Kanalisation gibt) die Gerüche einer anderen Zeit und Umwelt vorbereiten …

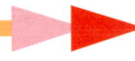

GROSSER ABSCHIED

Reisender, es ist der 1. August 1914. Deine Suche in dieser Zone führt Dich an Bord des berühmten Dampfers *Mauretania*, der sich im Hafen von Liverpool in England auf die Abfahrt nach New York vorbereitet. Du mußt schnell arbeiten, denn wenn Du nicht rechtzeitig von Bord gehst, hat es schlimme Folgen für Deinen Auftrag.

Deine Cyberform wurde von einem Mitglied der Schiffsbesatzung geklont. Er ist an Bord und sorgt dafür, daß die Passagiere der ersten Klasse während der Überfahrt klare Sicht haben. Sein Spiegelbild, nach dem Du suchst, ist am Kai und bietet den Passagieren eine Unterhaltung mehr für die Ohren als für die Augen. Finde ihn schnell. Die letzten Passagiere und Güter kommen gerade an Bord, und der Luxusdampfer legt in Kürze ab.

Wieder hast Du den anderen Kenntnisse voraus, die Du auf keinen Fall mit irgend jemand teilen darfst. Nur wenige unter den zweitausend Passagieren des Schiffs oder unter denen, die zu ihrem Abschied gekommen sind, können ahnen, wie bald schon die Welt um sie herum sich schrecklich verändern wird.

Als schnellstes Transatlantik-Passagierschiff der Welt kann die Mauretania New York in 4 Tagen, 17 Stunden und 21 Minuten erreichen. In den Tagen vor dem Aufkommen der Passagierflugzeuge gibt es keine schnellere Möglichkeit, von Europa nach Amerika zu reisen. Aber so schnell er auch ist, auch dieser Dampfer kann den kommenden Weltereignissen nicht davonfahren. In nur drei Tagen wird England Deutschland den Krieg erklären, und der Erste Weltkrieg beginnt. Europa wird durch einen Konflikt zerrissen, der weit schrecklicher ist, als diese Menschen es sich vorstellen können. Daß Europa wieder vereint sein könnte, scheint im Moment völlig undenkbar.

Du siehst vor Dir eine Gesellschaft, in der eine strenge Rangordnung herrscht. Auf der *Mauretania* gibt es Passagiere der ersten, zweiten und dritten Klasse. Sie essen in getrennten Speisesälen, spazieren auf getrennten Decks, so daß sie einander nie zu Gesicht bekommen. Dank Deiner Uniform kannst Du Dich ungehindert auf allen Decks bewegen. Der Lebensstil, den Du beobachten kannst, wird die Ereignisse der nächsten vier Jahre nicht überleben.

Du mußt wissen, daß eine Menge Menschen wegen ihrer Klassenzugehörigkeit oder ihres Geschlechts von vielem ausgeschlossen sind. Wenn Du Deine Überraschung über das Geschehene erkennen läßt, wird das Deiner Mission nicht förderlich sein. Sowohl in Großbritannien als auch in den Vereinigten Staaten kämpfen die Frauen noch immer um das Frauenwahlrecht. Es ist praktisch undenkbar, daß Frauen in einer leitenden Stellung tätig sind, und die wenigsten arbeiten überhaupt außer Haus. Die Regeln der Schicklichkeit werden strikt eingehalten. Lange Röcke, riesige Hüte und Sonnenschirme schützen die Frauen vor der Sonne und den neugierigen Blicken der Männer.

Aber andererseits ist die Welt schon kleiner geworden. Die *Mauretania* ist bereits mit dem neuentwickelten Hochseefunk ausgerüstet, während an Land das Telefon zunehmende Verbreitung findet. Der Panamakanal wurde in diesem Jahr fertiggestellt und verkürzt die Reise vom Atlantik zum Pazifik um 11 200 Kilometer. Die ersten Automobile beginnen die Pferdewagen zu verdrängen. In Amerika baut Henry Ford das Auto »Model T«, mit dem erstmals Autos für Normalverdiener erschwinglich werden.

Die *Mauretania* und viele ihrer Passagiere werden zwar den Krieg überleben, doch sie repräsentieren ein Zeitalter, das im Ausklingen ist. Finde die aus ihrer Zeit geschleuderten Objekte innerhalb einer Stunde, damit unser jetziges Zeitalter nicht einer noch größeren Bedrohung ausgesetzt ist.

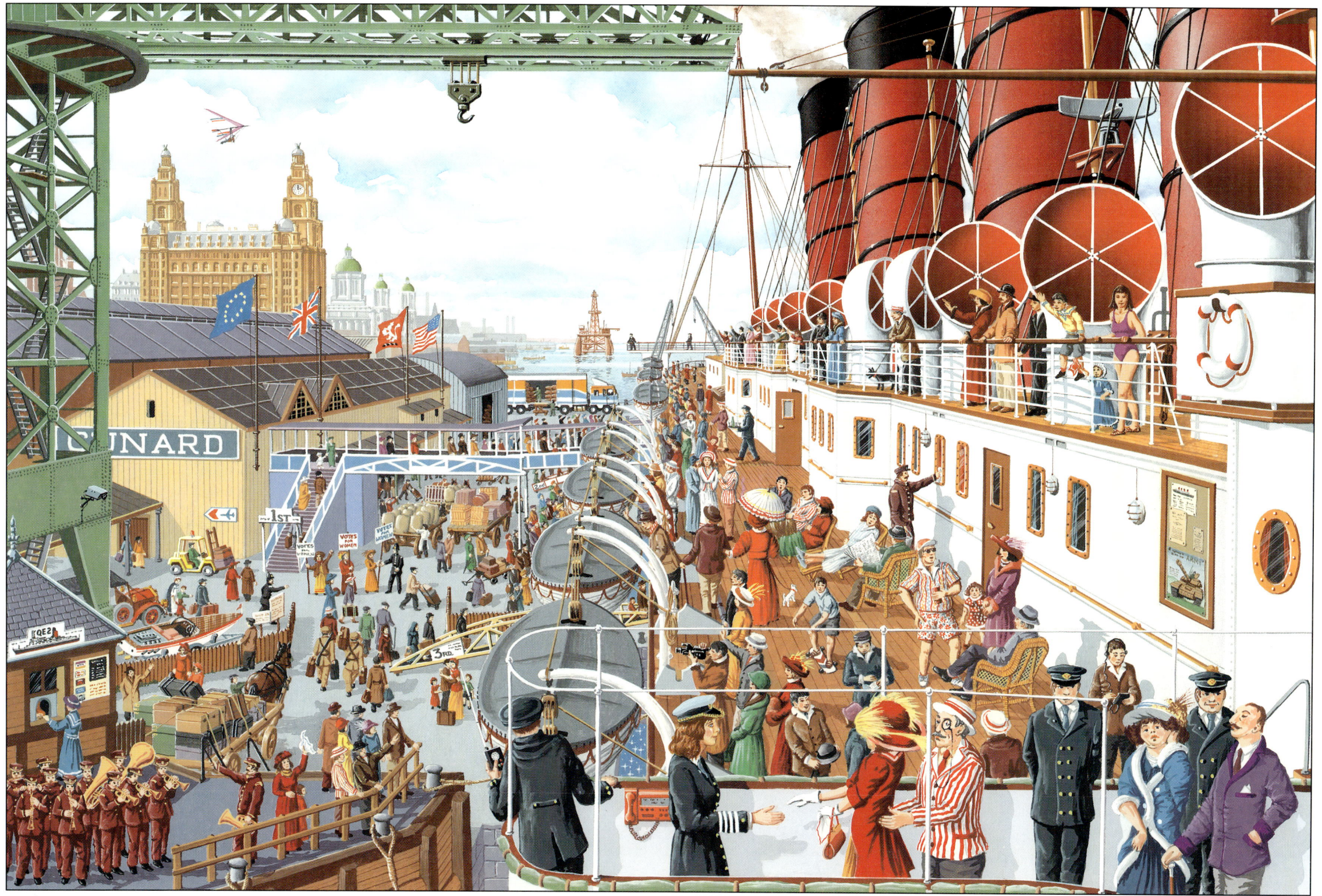

LICHT, MUSIK, ACTION

Reisender, Du bist an einem Ort, an dem Träume fabriziert werden: Hollywood in Kalifornien, im Jahr 1936. In dieser Umgebung würdest Du mit Deinem normalen Erscheinungsbild kaum auffallen, aber Du mußt Deine Cyberform mit dem Spiegel finden, damit Du die zeitverschobenen Objekte schnell wieder in ihre richtige Zone zurückspiegeln kannst. Deine Cyberform wurde von einem Künstler geklont, der einen Hintergrund malt. Sein Spiegelbild trägt einen Behälter, in dem ein phantastisches Abenteuer abläuft.

In Hollywood wirst Du Deinen ganzen Verstand brauchen, um Wirklichkeit und Illusion voneinander zu unterscheiden. Dieser Ort ist schließlich nur dazu da, Illusionen zu erzeugen. Er zog Filmproduzenten ursprünglich wegen der langen Tageslichtstunden und der abwechslungsreichen grandiosen Landschaft an, die es in nächster Nähe gibt. Hier gibt es die Wüste für Szenen aus dem alten Ägypten, die Küste für Piratengeschichten und natürlich große weite Gegenden für die allzeit beliebten Westernfilme. Selbst Raumfahrtabenteuer, die auch für Wissenschaftler noch ein Traum sind, werden in der Nähe gefilmt. So sind denn auf ihre Art auch Kinobesucher Reisende in der Zeit, aber die Welten, die sie besuchen, existieren nur in Kalifornien.

In seiner noch jungen Geschichte hat das Filmemachen eine Welt von Unterhaltung erschlossen, die jedermann zugänglich ist. Viele Berufstätige haben mehr Freizeit als früher, und im Kino lassen aufregende Geschichten von Kampf und Erfolg fast alles möglich erscheinen. Auch liefern die Filme viele Informationen, indem sie Bilder von Menschen und Orten zeigen, die die Betrachter selbst nie zu sehen bekommen würden, und Nachrichtenprogramme lassen internationale Berichte so wirklich erscheinen wie das Leben draußen auf der Straße.

In diesen Tagen sind es nicht mehr nur die Reichen und Mächtigen, die das Leben der Menschen beeinflussen können. Filmstars und nicht Popsänger oder Politiker sind die Heldinnen und Helden des Tages. Die Illustrierten liefern den Fans den neuesten Klatsch, und diese bemühen sich eifrig, die Kleidung und Frisuren ihrer angebeteten Idole nachzuahmen.

Natürlich können die Fans sich nicht alles leisten, was ganz selbstverständlich zum Leben der Stars gehört. Flugreisen sind für die meisten Menschen noch zu teuer, auch Autos sind noch immer ein Zeichen von finanziellem Erfolg. Aber elektrische Küchengeräte erleichtern bereits immer mehr Menschen die Arbeiten im Haushalt. Familien können einen Lebensstil entwickeln, wie er in früheren Zeiten nur mit zahlreichen Dienern möglich war. Trotzdem träumen Tausende junger Leute davon, sich den luxuriösen Lebensstil der Filmstars leisten zu können.

Sicher brauche ich Dich nicht zu warnen, Dich vorsichtig durch das Filmstudio zu bewegen, vor allem in der Nähe der Kameras. Wir können nicht riskieren, daß Deine Mission so kurz vor ihrem Abschluß noch aufgezeichnet wird. Und sei vorsichtig mit den Filmausrüstungen der frühen Zeit. Die Kameras und Lampen sind schwer und können leicht beschädigt werden. Der Mikrochip, mit dem leichte und tragbare Maschinen gebaut werden können, ist noch nicht erfunden. Die Filmemacher müssen noch ohne die Hilfe von Computern und elektronischen Zaubereien auskommen.

Sieh Dir alles genau an. Dies ist keine Welt, in der Du alles glauben kannst, was Du siehst. Nach elf Zeitzonen dürfte Dein Instinkt dafür, was nicht am richtigen Ort ist, aber auf das schärfste geschult sein. In dieser Traumfabrik der Phantasien kann das nur gut sein.

29

DIE LETZTE HERAUSFORDERUNG

Herzlichen Glückwunsch, **Reisender**! Du hast die 240 in der Zeit verschobenen Gegenstände aufgespürt und sie an ihren richtigen Ort in Zeit und Raum zurückgespiegelt. In diesem Augenblick solltest Du eigentlich den Dank eines aufatmenden Universums entgegennehmen. Doch leider ist es nicht soweit – noch nicht!

Die Schockwellen des kosmischen Unfalls bei Zeta XII haben sich am schlimmsten in einer Ära ausgewirkt, die ganz in der Gegenwart liegt. Du bist jetzt auf einem Flughafen in Südafrika, im Jahr 1996. Unglücklicherweise haben zwanzig Objekte, die in diese Zone zurückgespiegelt wurden, ihren Bestimmungsort nicht erreicht. Einige sind vollständig verlorengegangen. Andere sind zwar zurückgekehrt, haben aber einen lebenswichtigen Bestandteil verloren. Diese unvollständigen Objekte sind für unsere Existenz ebenso gefährlich wie diejenigen, die vollständig fehlen. Wie Du weißt, kann der winzigste Unterschied in der Struktur einer Zeitzone katastrophale Veränderungen in der Zukunft nach sich ziehen.

Die mißlungene Rückspiegelung hat sich in dieser Zeitzone so verheerend ausgewirkt, daß das 20. Jahrhundert eingefroren ist. Die Zeit steht still. Im Universum kann nichts mehr fortschreiten, bis diese abschließende Aufgabe bewältigt ist. Und hierfür brauchen wir Dich, Reisender. Nur Du verfügst über die Erfahrung und Geschicklichkeit, uns bei dieser letzten Herausforderung zu helfen.

Deine bisherige Mission hat Dich in hohem Maße gefordert, dessen bin ich mir bewußt. Aber es bleibt uns nichts anderes übrig. Nur Du besitzt die nötige Kenntnis von den 240 zeitverschobenen Gegenständen, um diejenigen zu identifizieren, die nicht an ihren Ort zurückgekehrt sind. Nur Du kannst

sie uns genügend genau beschreiben, daß wir sie in dem weit umhergeschleuderten Weltraumschutt ausfindig machen können, in welchen entfernten Winkel sie auch immer geraten sein mögen.

Deine jetzige Aufgabe ist noch schwieriger als die bisherigen. Du suchst jetzt nicht Gegenstände, die am falschen Platz sind, sondern solche, die überhaupt gar nicht da sind! Eine Cyberform brauchst Du in dieser Zeitzone nicht, denn die Menschen stehen unbeweglich in denjenigen Stellungen, die sie beim Eintreffen der Schockwelle innehatten. Du kannst Dich also frei unter ihnen bewegen, ohne gesehen oder gehört zu werden. Und dieses Mal werden wir selbst die Objekte an ihren Ort zurückbringen, sobald wir Deine Beschreibung erhalten.

Achte auf jeden Hinweis. Denke konzentriert an die Objekte, die Du bereits gefunden hast, und überlege, welche davon in dieser Zeit und Örtlichkeit zu Hause sein könnten. Halte Ausschau nach allem, was aus dem Rahmen fällt, unerklärlich oder unvollständig ist. Im Verlauf Deiner Mission haben sich Deine Sinne für die Beachtung jeder Einzelheit geschärft. Mach jetzt das Beste aus Deinen Fähigkeiten. Und vor allem arbeite, so schnell Du kannst. Nach unserem Wissen hat es ein solches Ereignis bisher nicht gegeben. Wir wissen also nicht, wie lange dieses Gleichgewicht erhalten bleibt, bevor ein bleibender Schaden eintritt.

Zum Schluß noch eine Warnung: Wenn Du das zwanzigste Objekt gefunden hast, verlasse die Zone so schnell wie irgend möglich. Deine Anwesenheit könnte den empfindlichen übergreifenden Mechanismus stören, der es möglich macht, daß der Fluß der Zeit wieder seinen normalen Gang aufnimmt.

EIN RÄTSEL AUS VERGANGENEN ZEITEN

Reisender, Du hast Deine Aufgabe glänzend gelöst. Eine offizielle Begrüßungs- und Danksagungszeremonie erwartet Dich bei Deiner Rückkehr in der galaktischen Zentrale. Die ganze Galaxie steht in Deiner Schuld. Eine Eskorte ist auf dem Weg, um Dich wirklich stilvoll zur Zentrale zurückzuleiten. Sicher ist Dein Abschlußbericht bereits fertig, und Du hast Zeit zum Entspannen. Da hast Du vielleicht Spaß an diesem kleinen Rätsel, während Du auf Deine Eskorte wartest.

Du wirst Dich erinnern, daß bis zum Ende des 20. Jahrhunderts, als Zeitreisen erstmals möglich wurden, die Historiker sich bemühten, ein Gefühl für vergangene Zeiten in Sammlungen mit der Bezeichnung »Museen« einzufangen. Durch das Ansammeln von Gegenständen aus früheren Zeiten versuchten sie, ihren eigenen Zeitgenossen Kenntnisse über das Leben der früheren Generationen zu vermitteln. So wollte man die Vergangenheit lebendig erhalten.

Du lächelst vielleicht über diese altmodische Vorstellung. Natürlich konnte ihr Wissen nach heutigen Maßstäben nur sehr unvollständig sein. Die Betrachtung eines ägyptischen Schmuckstücks durch eine staubige Glasscheibe kann keine echte Vorstellung von der Epoche vermitteln, in der es angefertigt und getragen wurde. Man konnte die Vergangenheit nur mit der eigenen Phantasie sehen, angeregt durch die Schönheit einzelner Gegenstände. Aber wir sollten nicht verächtlich darüber lächeln. Sie taten ihr Bestes mit den ihnen zur Verfügung stehenden Methoden. Und unsere Hochachtung vor der Geschichte haben wir von ihnen gelernt.

Der Requisitenraum des Museums, in dem Du Dich befindest, wurde kürzlich von intergalaktischen Archäologen bei Arbeiten in Deutschland entdeckt. Es handelt sich anscheinend um die Sammlung einer exzentrischen Millionärin, zu der sie niemand als sich selbst Zugang gewährte. Diese Sammlerin war nicht an einem bestimmten Zeitabschnitt oder Forschungsgegenstand interessiert. Sie sammelte einfach Objekte, die ihr gefielen oder Freude machten. Einige sind unbezahlbare Kunstwerke. Andere sind Alltagsgegenstände aus vielen verschiedenen Epochen.

Du wirst bald merken, daß die Gegenstände in dieser kleinen Sammlung Dir schon begegnet sind. Bei Deinen Reisen durch Zeit und Raum hast Du sie auf Deiner Suche vielleicht flüchtig betrachtet oder auch einer näheren Prüfung unterzogen. Während Du Dich zwischen den Objekten bewegst, wecken sie vielleicht eine Erinnerung in Dir und bringen Bilder von Deiner außergewöhnlichen Reise in Dein Gedächtnis zurück.

Mit Ausnahme eines Gegenstands. Ja, merkwürdigerweise gibt es einen einzigen Gegenstand, der Dir unbekannt ist. Er ist Dir auf Deinen Reisen nicht begegnet. Ich frage mich, ob Du ihn identifizieren kannst?

Laß Dir Zeit, Reisender, Deine Aufgabe ist erfüllt, und wir können nichts Weiteres von Dir verlangen. Aber vielleicht macht es Dir Spaß, unter diesen langvergessenen Fundstücken herumzusuchen und Dich über die altbekannten Dinge zu freuen – und vielleicht entdeckst Du dabei diesen einen »Fremdling«.

EINSATZBESPRECHUNG – NACH DEM AUFTRAG

ZEITZONE 1: THEBEN, ÄGYPTEN, 1400 V. CHR.

ZEITZONE 2: ROM, ITALIEN, 100 N. CHR.

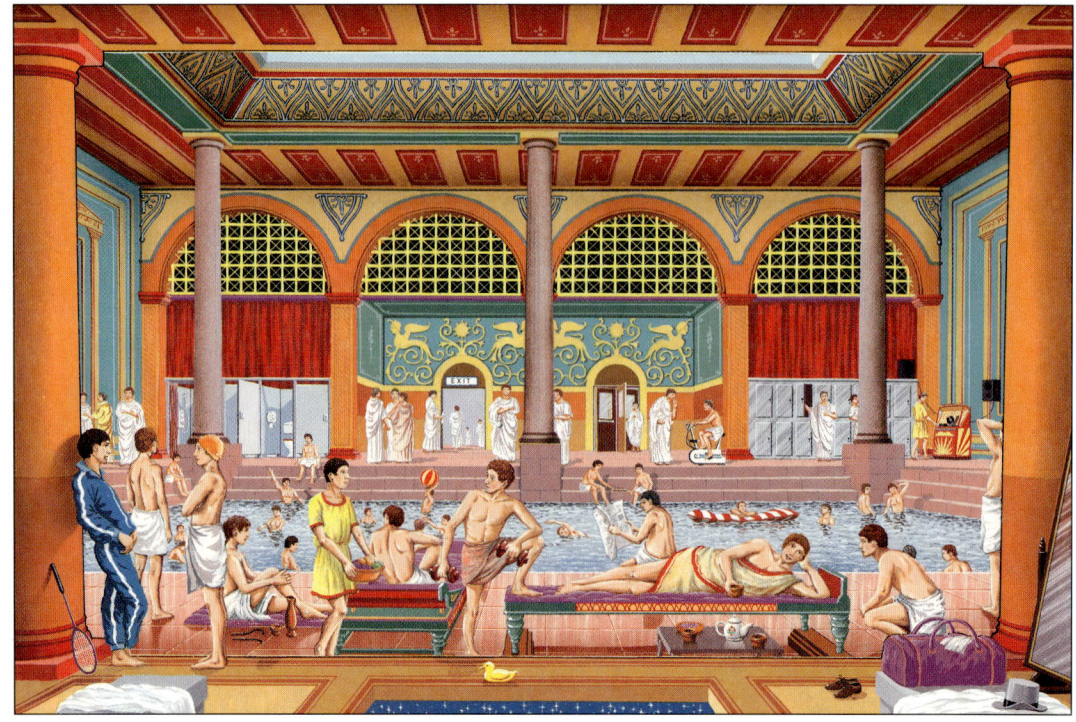

● Deine Cyberform ist ein Soldat mit einem glänzenden Schild, der in der Straße nahe einem Mauereck steht. ● Die ägyptische Sonne ist sehr blendend, aber Sonnenbrillen gibt es erst Hunderte von Jahren später. ● Die Ägypter haben entdeckt, daß sie die Zeit messen können – mit Sonnenuhren; aber Armbanduhren gibt es erst ab 1887. ● Wasser ist kostbar in diesem Klima, aber aus dem Wasserhahn fließt es nicht. ● Die Ägypter bewirten gern Gäste, doch diesen Servierwagen gibt es erst im 20. Jahrhundert. ● Es dauert noch ungefähr 3 000 Jahre, bevor eine solche Art Rüstung getragen wird. ● Militärische Disziplin hat in Ägypten große Bedeutung, doch dieser Oberst stammt aus dem 2. Weltkrieg. ● Die Ägypter gingen gern auf die Jagd, aber sie trugen dazu keine moderne Safarikleidung. ● Unter Ägyptens Hieroglyphen findet man Bilder von Musikern, diese Elektrogitarre mit Verstärker stammt aber aus der zweiten Hälfte des 20. Jahrhunderts. ● Auch der Tanz ist sehr beliebt, aber eine Ballerina im »Tutu« sieht man erst viel später. ● Tausende von Jahren vor dem Benzinmotor ist ein Boot mit Außenbordmotor höchstens ein Traum. ● Im Gegensatz zu der alten ägyptischen Leiter daneben ist die Trittleiter eine sehr moderne Erfindung. ● Gaslicht oder elektrische Lampen sind hier völlig unbekannt. Fackeln leuchteten den Ägyptern auf ihrem Weg. ● Die Ägypter verwenden Hieroglyphen als Ziffern. Indisch-arabische Zahlen kommen erst fast 2 000 Jahre später in Gebrauch. ● Die Hieroglyphe einer Eiswaffel erscheint verlockend, ist aber in diesem Klima ohne Tiefkühlung unmöglich. ● Hunde werden als Haustiere und Arbeitstiere gehalten, dieser Pudel stammt aber aus dem späten 20. Jahrhundert. ● Ein funkgesteuertes Spielzeugauto kann es Jahrtausende vor der Erfindung des Autos nicht geben. ● Dieser Einkaufswagen paßt besser in das 20. Jahrhundert als auf die Straße in einem ägyptischen Markt. ● Reiche ägyptische Frauen schminken sich und tragen aufwendige Frisuren, aber diesen Fön können sie ohne Elektrizität nicht benutzen. ● Die Ägypter fertigen schöne Gegenstände aus Glas, dieses Trinkglas mit gebogenem Strohhalm gibt es aber erst im 20. Jahrhundert.
● Die ägyptischen Wagen laufen auf Holzrädern; der Luftreifen wird erst 1845 erfunden.
● Das Zeitportal ist der Teich in der Mitte des Gartens.

● Deine Cyberform steht in der Bildmitte im Hintergrund, sie trägt eine Toga und hält ein kleines, glänzendes Gefäß. ● Die Druckkunst wird in Europa erst ab dem 15. Jahrhundert verwendet, Zeitungen gibt es also noch nicht. ● Die Römer verwendeten zwar eine frühe Form von Hanteln für das Muskeltraining, doch dies ist eine Ausführung aus dem 20. Jahrhundert. ● Diese Sporttasche stammt aus den achtziger Jahren des 20. Jahrhunderts. Abgesehen von allem anderen wird der Reißverschluß erst 1891 erfunden. ● Die Römer kennen viele Ballspiele, doch diesen Badmintonschläger gibt es erst im 20. Jahrhundert. ● Die Römer tragen Sandalen oder Stiefel. Diese Schnürschuhe stammen aus der Mitte des 20. Jahrhunderts. ● Die Römer trugen beim Sport wenig Kleidung – dies ist ein Trainingsanzug aus dem späten 20. Jahrhundert. ● Diese Plastikente kann es vor der Entwicklung der Kunststoffe im 20. Jahrhundert nicht geben. ● Zwar tranken die Chinesen wahrscheinlich schon Tee, doch kam er erst Jahrhunderte später nach Europa. ● Der Zylinderhut gehört zu einem Herrn des 19. Jahrhunderts, nicht zu einem römischen Senator. ● Auch der Spiegel gehört ins 20. Jahrhundert. Die Römer fertigten zwar schöne Glaserzeugnisse, konnten aber keine großen Glasscheiben herstellen. ● Spinde dieser Art für die Aufbewahrung der Kleider gab es bei den Römern nicht. ● Die Römer hatten sehr gute Wasserleitungen, aber diese Toilette stammt aus den sechziger Jahren des 20. Jahrhunderts. ● Diese Dusche mit Elektroboiler hat ohne Elektrizität wenig Nutzen. ● »Exit« ist zwar ein lateinisches Wort für Ausgang, doch diese Leuchtanzeige stammt aus dem 20. Jahrhundert. ● Diese Drehtür fühlt sich im späten 19. Jahrhundert besser zu Hause. ● Die Römer liebten zwar Musik, hatten in ihren Bädern aber keine Musikautomaten. ● Die Römer trugen keine Plastik-Badekappen. ● Fahrräder kannten die Römer nicht. Um 1850 wird das Pedalfahrrad entwickelt. Und dieses Heimfahrrad gibt es erst im späten 20. Jahrhundert. ● Eine Luftmatratze kann es 1800 Jahre vor der allgemeinen Nutzung von Gummi und Plastik nicht geben. ● Das gleiche gilt für diesen aufblasbaren Wasserball.
● Das Zeitportal ist in dem Wasserbecken ganz im Vordergrund.

● Die Cyberform ist der Mönch mit der glänzenden Platte ganz rechts im Bild. ● Die Wikingerschiffe sind offen für Wind und Wetter und brauchen keine Bullaugen. Kabinen unter Deck gibt es nicht. ● Ein Schlauchboot wäre als Landungsboot sehr praktisch, doch wird Gummi in Europa erst im 17. Jahrhundert verwendet. ● Eine moderne Angelrute hatten die Wikinger nicht. Die Angelschnur aus Nylon wird erst in den dreißiger Jahren des 20. Jahrhunderts erfunden. ● Die Wikinger waren gut bewaffnete Kämpfer, aber Pistolen gibt es erst im 16. Jahrhundert. ● Da es noch keine Feuerwaffen gibt, braucht man auch keine Kugeln. ● Ein Stromgenerator mit Windrad nützt den Mönchen nur, wenn sie die Elektrizität kennen. ● Erst 1879 erfindet Thomas Edison die elektrische Lampe, also können die Wikinger keine Mastlaterne haben. ● Auch eine elektrische Leuchtboje gibt es noch nicht. ● Ebensowenig eine Taschenlampe. Die erste Batterie baut Alessandro Volta 1800. ● Kettensägen standen den Wikingern für das Fällen der Bäume, aus deren Holz ihre Boote gebaut sind, nicht zur Verfügung. Sie nahmen Äxte. ● Dies ist eine moderne norwegische Fahne. Norwegen, Schweden und Dänemark begannen sich erst um 900 als Staaten herauszubilden. ● Die Mönche hätten vielleicht gern Fernsehen gehabt, da müssen sie aber noch mehr als 1100 Jahre warten. ● Das erste Teleskop wird Anfang des 17. Jahrhunderts gebaut. ● Nicht einmal einfache Rettungsringe gibt es, um das Leben der Wikinger weniger gefahrvoll zu machen. ● Landmaschinen hätten das Leben der Mönche sicher erleichtert, doch Verbrennungsmotoren werden erst im späten 19. Jahrhundert erfunden. ● Den Wikingern macht der Regen nichts aus – und Regenschirmgerippe aus Stahl gibt es erst gegen Ende des 19. Jahrhunderts. ● Sicher wären die Wikinger geschickte Windsurfer gewesen, doch diesen Sport gibt es erst in der 2. Hälfte des 20. Jahrhunderts. ● Lebensmittelkonserven in Blechdosen gibt es erstmals 1810. ● Die Kleidung der Wikinger ist grob und widerstandsfähig. Der moderne Anzug würde hier nicht lange halten. ● Das Beringen von Vögeln zur Erforschung ihrer Flugrouten erfolgt erst im späten 19. Jahrhundert.
● Das Zeitportal ist in dem Bottich in der Bootsmitte.

● Deine Cyberform trägt eine Glasscheibe, oben auf einem der Türme. ● Mehr als 600 Jahre vor der Erfindung des elektrischen Lichts kann die Kathedrale nicht mit Scheinwerfern beleuchtet werden. ● Pilger reisen im Mittelalter zu Fuß oder zu Pferde nach Chartres, nicht in Bussen. ● Große Glasscheiben werden erstmals im 17. Jahrhundert hergestellt. ● Die Straßen sind in dieser Zeit oft holprig und schlammig, Autobahnen gibt es erst im 20. Jahrhundert. ● Die Steinmetze des Mittelalters schaffen aufwendige Statuen und Ornamente, aber keine abstrakten Skulpturen. Die Skulpturen vor der Kathedrale stammen aus dem 20. Jahrhundert. ● Diebstähle von Baustellen lassen sich erst im späten 19. Jahrhundert durch Bauzäune aus Draht und Stacheldraht verhindern. ● Elektrische Karussells gibt es erst nach der Entwicklung des Elektromotors 600 Jahre später. ● Den Kindern des Mittelalters hätten Luftballons sicher gefallen, aber die werden erstmals 1783 hergestellt. ● Die Baumeister des Mittelalters müssen noch ohne kraftsparende Baumaschinen wie diesen Kompressor auskommen. ● Die Dampfwalze wird in Frankreich erfunden – aber erst 1859. ● Die Bauarbeiter des Mittelalters verwenden Mörtel, aber keinen Zement, und mischen müssen sie ihn von Hand. ● Große Fabriken beherrschen das Landschaftsbild erst ab Ende des 18. Jahrhunderts. ● Die erste eiserne Hängebrücke wird 1880 gebaut. Jetzt baut man Brücken noch aus Stein und Holz. ● Abflußrohre aus Plastik gibt es erst im 20. Jahrhundert. ● Seile und Flaschenzüge werden schon im Mittelalter für das Heben von Menschen und Material verwendet, aber auch Hängegerüste werden aus Holz gebaut, nicht aus glänzendem Aluminium oder Stahl. ● Läden gibt es zwar im 13. Jahrhundert, nicht aber Supermärkte. ● Auch die Arbeiter des Mittelalters aßen und tranken gern gemeinsam, aber nicht in einem modernen Café. ● Bauschutt fällt auf jeder Baustelle an, doch ohne einen hydraulischen Kran zum Heben hat ein Container wie dieser wenig Nutzen. ● Gas- und Sauerstoffflaschen für das Schweißen sind 1218 noch unbekannt. ● Werbeplakate werden noch nicht verwendet, da vor der Erfindung des Buchdrucks die wenigsten Menschen lesen können.
● Das Zeitportal ist in dem großen Rechteckfenster im Haupteingang.

● Deine Cyberform ist der Diener rechts im Hintergrund des Bilds. ● Diese elegante Lampe stammt vom Ende des 19. Jahrhunderts; sie würde ohne Elektrizität auch gar nicht funktionieren. ● Das Tablett ist aus Kunststoff, der in brauchbarer Form erst 1909 erzeugt wird. ● Das spiralgeheftete Notizbuch gibt es erst im 20. Jahrhundert. ● Auch der Reisewecker gehört in das 20. Jahrhundert. ● Das Thermometer wird zwar in Italien von Galileo erfunden, aber erst 100 Jahre später. ● Der Tesafilm-Abroller gehört auf einen Schreibtisch der neunziger Jahre des 20. Jahrhunderts, nicht auf einen des fünfzehnten Jahrhunderts. ● Man schreibt in diesen Tagen mit Gänsekielen, Füllfederhalter werden erst ab 1884 gebräuchlich. ● Tabak gehört zu den Entdeckungen, die bald aus Amerika herüberkommen, aber diese Zigaretten stammen aus dem 20. Jahrhundert. ● Die erste Jalousie wurde erst 1769 hergestellt. ● Den Luxus der Zentralheizung kannten diese Florentiner nicht, der Heizkörper gehört ins 20. Jahrhundert. ● Diese Familie ist durch Handel reich geworden, doch metallene Aktenschränke gibt es erst 450 Jahre später. ● Musik ist sehr beliebt, aber der Plattenspieler wird erst 1877 durch Edison eingeführt. ● Italienische Lederwaren haben heute einen guten Ruf, doch diese Handtasche stammt aus den sechziger Jahren des 20. Jahrhunderts. ● Auch italienische Messer und Schwerter sind berühmt, allerdings gehört dieses Taschenmesser in das 20. Jahrhundert. ● Die Künstler müssen ihre Farben noch selbst mahlen und mischen. In Tuben kann man sie erst ab dem 19. Jahrhundert kaufen. ● Kaffee wird in der Zukunft zu einem beliebten Getränk in Europa, aber zu dieser Zeit wird er nicht getrunken, und es gibt auch noch keine Kaffeemaschine. ● Dieser Kinderwagen samt Baby gehört eindeutig ins späte 20. Jahrhundert. ● Florentiner Kunstmäzene des 15. Jahrhunderts würden das Werk Picassos kaum zu schätzen wissen. ● Ballspiele gibt es schon zu dieser Zeit, doch dieses Bild zeigt eindeutig eine Fußball-Mannschaft aus unserer Gegenwart. ● Man hat zwar vom Fliegen geträumt, aber Reisende können frühestens in der ersten Hälfte des 20. Jahrhunderts im Flugzeug Florenz überfliegen.

● Das Zeitportal ist einer der glänzenden Teller auf dem Kaminsims.

● Deine Cyberform trägt ein Medaillon und sitzt auf den Schultern seines Vaters hinter einer spanischen Fahne. ● Auch wenn die auf der Fahne erscheinende Legende vom Adler und der Schlange eine aztekische ist: dies ist die Fahne des modernen Mexiko. ● Feuerhydranten wie dieser stammen aus dem 20. Jahrhundert. ● Cortez hat sicher auch Geschäftliches im Sinn, doch dieser Aktenkoffer ist aus dem 20. Jahrhundert. ● Kein Spanier hat bis jetzt diese Landkarte gesehen, denn der größte Teil Amerikas ist von den Europäern noch gar nicht entdeckt. ● Diese Öllampe gehört ins 19. Jahrhundert. ● Obwohl die Azteken schnelle und wilde Ballspiele veranstalten, haben sie keine Turnschuhe wie diese aus dem 20. Jahrhundert. ● Auch wird bei den Ballspielen der Azteken kein moderner Basketball-Korb verwendet. ● Vielleicht wurde auch ein früher Vorläufer des Golfspiels gespielt, aber diese Schläger sind ganz modern. ● Ein Schutzhelm kann sicher bei kommenden Kämpfen nützlich sein, doch dieser Motorradhelm stammt aus dem 20. Jahrhundert. ● Die Azteken befahren ihre Kanäle in Kanus, und die Spanier kamen in hölzernen Schiffen. Dieser Ozeandampfer aber kommt aus dem 20. Jahrhundert. ● Gewiß kochen und heizen die Azteken mit Feuer, aber dieser Backstein-Kaminaufsatz ist modern. ● Dieses Schiebefenster stammt aus einem Haus des 18. Jahrhunderts. ● Diese Ampel wäre auf den vielbefahrenen Kanälen vielleicht nützlich, doch ohne Elektrizität funktioniert sie nicht. ● Erst im 19. Jahrhundert kann man Babys in einem solchen Kinderwagen spazierenfahren. ● Der Telegraf kommt erst in der ersten Hälfte des 19. Jahrhunderts in Gebrauch, also braucht man noch keine Telegrafenmasten und Telegrafenleitungen. ● Auch wenn sie es gehabt hätten, mit diesem Fernglas aus dem 20. Jahrhundert hätten die Azteken nicht in die Zukunft blicken können. ● So nützlich diese Schwimmweste auch sein könnte – es gibt sie erst 300 Jahre später. ● Dieser Aztekenjunge spielt mit einem Segelschiffmodell aus dem 20. Jahrhundert. ● Stacheldraht wird erst 1873 in den USA erfunden. ● Das Gras wird in diesen Tagen durch weidende Tiere kurz gehalten, erst im 19. Jahrhundert durch mechanische Rasenmäher.

● Das Zeitportal ist in dem gefederten Schild auf Montezumas Sänfte.

ZEITZONE 7: NAGASAKI, JAPAN, 1633

● Deine Cyberform verbeugt sich vor einem Samurai in der Bildmitte und trägt ein Tablett aus Metall.
● Die Japaner kochen zwar auf Kohlenglut, aber dieser Grill stammt aus dem 20. Jahrhundert. ● Vor der Verbreitung der Elektrizität säumen bei Festen in Japan nicht elektrische Lichterketten die Straßen, sondern bunte Laternen. ● Dieser Gepäckwagen gehört auf einen Flughafen, er wartet noch auf das Zeitalter des Luftverkehrs. ● Die Japaner fächeln sich mit schön bemalten Papierfächern Luft zu; dieser elektrische Ventilator ist Hunderte von Jahren zu früh dran. ● Das Fliegen ist noch den Vögeln vorbehalten. Erst 1783 unternehmen die französischen Brüder Montgolfier den ersten Ballonflug. ● Ein Klemmbrett aus dem 20. Jahrhundert haben die Japaner noch nicht. ● Das Saxophon wird erst nach 1840 von dem Belgier Adolphe Sax erfunden. ● Konservendosen gibt es noch nicht. ● Erst 1945 entdeckt der amerikanische Ingenieur Percy Le Baron Spencer, daß mit Mikrowellen Lebensmittel erhitzt werden können. ● Die Japaner sind tüchtige Seefahrer, doch dieses Segel mit der Nummer gehört zu einer modernen Segelyacht. ● Dieser Hafenschlepper für große Schiffe hat noch nicht die Muskelkraft von Ruderern ersetzt. ● Ohne Elektrizität nützt diese moderne Schreibtischlampe aus dem 20. Jahrhundert gar nichts. ● Japaner und Holländer beschäftigen Büroangestellte für ihre Buchführung, aber dieser Stuhl gehört ins 20. Jahrhundert. ● Die Holländer sind unternehmungslustige Reisende, doch dieser Koffer stammt aus dem 20. Jahrhundert.
● Auch dieser Kofferkuli gehört mindestens 300 Jahre in die Zukunft. ● Dieser Siphon würde sich gut auf einer Party der vierziger Jahre des 20. Jahrhunderts machen. ● Die holländischen Händler haben vielleicht auch europäische Uhren mitgebracht, aber diese ist zweifellos modern. ● Schuhe mit erhöhten Sohlen zum Schutz bei verdreckten Straßen sind sehr gebräuchlich, doch Pfennigabsätze kommen erst ab ungefähr 1960 in Mode. ● Leuchtfeuer zur Warnung von Schiffen vor Gefahren sind nicht unbekannt, dieser Leuchtturm gehört aber ins frühe 20. Jahrhundert. ● Hunderte von Jahren vor der Entdeckung der Radiowellen ist ein Funkmast nutzlos.
● Das Zeitportal ist ein blanker Metallteller neben dem europäischen Sessel.

ZEITZONE 8: PARIS, FRANKREICH, 1793

● Deine Cyberform ist der Reiter mit dem erhobenen Schwert links im Bild. ● Während der Revolution bietet diese Alarmanlage aus dem 20. Jahrhundert keinen Schutz. ● John Logie Baird führt das Fernsehen erstmals 1926 vor, und Fernsehkameras wie diese kommen noch später. ● Elektrische Lautsprecheranlagen gibt es noch nicht. Die Stimme des Königs wird durch die Trommeln der Soldaten übertönt. ● Diese Thermosflasche stammt aus dem 20. Jahrhundert. ● Die Revolutionäre hatten einfache Gewehre, das Maschinengewehr ist ein Modell aus dem 20. Jahrhundert. ● Zeitungen finden immer mehr Verbreitung, aber diese bunte Illustrierte »Femme« stammt aus dem Frankreich des 20. Jahrhunderts. ● Die Revolutionäre demonstrieren zwar gegen mancherlei, aber diese Plakette für Atomabrüstung ist ihrer Zeit voraus. ● Mehr als 50 Jahre vor der Erfindung des Verbrennungsmotors ist für diesen Benzinkanister noch keine Verwendung. ● Zwar gibt es in Paris viele eindrucksvolle Gebäude, aber Hochhäuser aus Beton und Glas entstehen erst im 20. Jahrhundert. ● Ein Kran wie dieser ist in der zweiten Hälfte des 20. Jahrhunderts ein vertrauter Anblick, hier aber fehl am Platz. ● Den Minirock sieht man in den Straßen von Paris erst ab ungefähr 1960. ● Die Parkuhr wird 1935 von dem Amerikaner C. C. Magee erfunden. ● Lange vor der Erfindung des Tonbandgeräts hat sich dieser Rundfunkreporter um 150 Jahre in der Zeit geirrt.
● Steelband-Trommeln werden aus Ölfässern erst hergestellt, nachdem Erdöl, weil es den Verbrennungsmotor gibt, zu einer bedeutenden Handelsware geworden ist. ● Diese Verkehrsleitkegel (»Lübecker Hütchen«) aus Kunststoff sind erst im 20. Jahrhundert ein vertrauter Anblick. ● Baseball wird in den Vereinigten Staaten erstmals 1839 gespielt, aber diese Baseballmütze ist noch jünger. ● Diese einziehbare Hundeleine ist eine Erfindung des 20. Jahrhunderts. ● »Fast Food« in solchen Styroporschachteln wird erst im 20. Jahrhundert gebräuchlich. ● Vor der Erfindung des Telefons gibt es auch diese Gegensprechanlage noch nicht. ● So viele Jahre vor der Erfindung des Automobils werden auch Verkehrszeichen noch nicht gebraucht, obwohl sie auch für Kutschen nicht schlecht gewesen wären.
● Das Zeitportal ist im Fenster der Kutsche.

● Deine Cyberform schärft vor seiner Hütte seine Sense. ● Die Tanksäule ist überflüssig, weil es noch keinen Autoverkehr gibt. ● Im Zeitalter vor dem Automobil ist für Parkplätze kein Bedarf. ● Erst in 30 Jahren erfindet Thomas Edison das elektrische Licht. Die Straßenlampe ist verfrüht. ● Das gleiche gilt für die Blinklampe auf der Kutsche. Solche Blinklampen kennt man von unseren heutigen Polizeifahrzeugen. ● Personenaufzüge werden erst 1854 erfunden. Also ist sowohl der gläserne Lift an der Hauswand als auch die fahrbare Hebebühne vor dem unfertigen Haus noch Zukunftsmusik. ● Das erste Pedalfahrrad wurde um 1850 gebaut, aber dies ist ein viel neueres Modell. ● 1845 fahren Züge zwischen Manchester und Liverpool, aber diese Dampflokomotive stammt aus dem späten 20. Jahrhundert. ● Ein Kombibagger wie dieser kann erst nach der Erfindung des ersten Verbrennungsmotors 15 Jahre später gebaut werden. ● Dieser moderne Mähdrescher gehört in die siebziger Jahre des 20. Jahrhunderts. ● Runde Strohballen sieht man auf den Feldern erst, nachdem die Landwirtschaft durch die riesigen Maschinen des späten 20. Jahrhunderts mechanisiert wurde. ● Versetzbare Bürocontainer sind ein Merkmal von Baustellen des 20. Jahrhunderts. ● Das Korn von diesen Feldern wird in Scheunen gelagert. Silos wie dieser sind erst im 20. Jahrhundert üblich. ● Flugzeuge kennt man immer noch nicht, also kommt auch dieses Spielzeugflugzeug mehr als 100 Jahre zu früh. ● Mit dem Wachsen der Städte werden Ausflüge aufs Land immer beliebter, aber dieser Wanderer gehört in das nächste Jahrhundert. ● Feuerwehren gibt es zwar schon, aber Feuerlöscher wie diesen noch nicht. ● Für Straßenreisende in Not ist Hilfe weiter entfernt als ein Telefonanruf. Das erste Telefon wird 1876 gebaut, also in 30 Jahren. ● Diese Stromleitungsmasten sind ihrer Zeit voraus. Die Maschinen in den Fabriken werden mit Dampf betrieben. ● Fernsehen wird erstmals 1926 von John Logie Baird vorgeführt. Eine Antenne wird hier noch nicht gebraucht. ● Urlaub in einem modernen Wohnwagen ist für Landleute noch nicht möglich, vor allem gibt es aber auch noch kein Auto, um ihn zu ziehen.

● Das Zeitportal ist in dem Trog neben der Straße.

● Deine Cyberform ist die Frau auf dem Gehsteig, die einen Spiegel hält. ● Die Tage des Pony-Expreß sind vorbei, und die Bahn befördert jetzt die Post, aber Luftpost ist noch nicht möglich – es gibt noch keine Flugzeuge. ● Zwar sind mechanische Spielzeuge mit Federantrieb sehr beliebt, doch dieser Roboter kommt aus dem 20. Jahrhundert. ● Und die Kameras dieser Zeit sind groß und unhandlich und nicht tragbar wie diese. ● Es ist nicht leicht, das Haus sauberzuhalten, William Hoover erfindet erst nach 1900 den Staubsauger. ● Auch das Kochen macht noch viel Arbeit, denn dieser Mixer aus den siebziger Jahren des 20. Jahrhunderts kann ohne Strom noch nicht betrieben werden. ● Die sanitären Einrichtungen sind ziemlich primitiv, selbst Wohlhabende im amerikanischen Osten haben noch keine Rollen von sanftem, buntem Toilettenpapier. ● Ski aus Holz gibt es schon seit Hunderten von Jahren, aber moderne Ski aus Kunststoffen gibt es erst in der zweiten Hälfte des 20. Jahrhunderts. ● Oregon ist im Jahre 1876 noch viel größer als später, einige Staaten haben noch andere Grenzen als auf dieser Karte aus dem 20. Jahrhundert. ● Die Erfindung der Registrierkasse durch den Amerikaner James Ritty steht kurz bevor (1879), doch elektrische Kassen kommen noch später. ● 1879 wird auch das elektrische Licht erst erfunden. Diese elektrischen Spotlampen kann es also noch nicht geben. ● Auch die Inline-Rollschuhe sind ihrer Zeit voraus. ● Die Wohlhabenden machen zwar Urlaub, aber ein Flug nach Hawaii ist noch nicht möglich. ● Ohne Elektrizität im Haus ist dieser moderne Wasserkessel nutzlos. ● Die Entdeckungen, die den Rundfunk möglich machen, beginnen gegen Ende des Jahrhunderts, und dieses Radio stammt ohnehin von 1950. ● Das Erdöl wurde zwar schon entdeckt, aber der Transport stellt noch ein Problem dar, da noch keine Tankwagen entwickelt wurden. ● Dieser Anhänger ist von einem Auto zu ziehen – aber die ersten Autos werden erst in ein paar Jahren gebaut. ● Die erste elektrische Straßenbahn wird 1879 vorgeführt, elektrische Sessellifte folgen noch später. ● Diese elektrische Trockenhaube gibt es erst ungefähr 100 Jahre später. ● Die elektrische Waschmaschine wird erst im frühen 20. Jahrhundert erfunden.

● Das Zeitportal ist in der Lampe oben links im Bild.

● Deine Cyberform dirigiert die Musikkapelle auf dem Kai. ● Wie die *Mauretania* ist auch die *Queen Elizabeth II* ein Luxusdampfer, doch sie unternimmt ihre Jungfernfahrt erst 1969. ● Die erste kommerzielle Luftverkehrslinie nimmt in diesem Jahr ihren Betrieb auf, aber sie braucht noch keine richtigen Flughäfen mit Startbahnen. ● Gleitschirmfliegen wird erst in den siebziger und achtziger Jahren ein beliebter Sport. ● Auf dem Kai demonstrieren Frauenrechtlerinnen (Suffragetten) für gleiche Rechte für Frauen. Eine Frau als Kapitän eines Linienschiffs ist unmöglich. ● Die Kleidung der Frauen ist sehr zurückhaltend – ein moderner Badeanzug würde als sehr anständig gelten. ● Auch die Männerkleidung ist noch sehr konservativ – Hawaiihemd und kurze Hose werden erst in den fünfziger Jahren beliebt. ● Zwar wird 1916 der erste Panzer gebaut, doch das Bild zeigt eine viel spätere Ausführung. ● Die tragbare Funk-Gegensprechanlage (Walkie-talkie) gibt es erst Jahrzehnte später. ● Zwar ist die *Mauretania* mit einem der modernsten Funktelefone ausgerüstet, doch dieses hier ist eindeutig ein viel späteres Modell. ● Dieses Rennboot gehört in die siebziger Jahre. ● Diese Sicherheitskamera ist elektronisch gesteuert und erst weit nach der Mitte des Jahrhunderts verfügbar. ● Obwohl sie einfach gebaut sind, werden Skateboards erst in den siebziger Jahren Verbreitung bei den Kindern finden. ● An Land wurde ab 1850 nach Öl gebohrt, doch erst in der Mitte des 20. Jahrhunderts werden auf See Ölquellen erschlossen. ● Europa steht kurz vor dem Krieg. Die Fahne der Europäischen Union wird es erst viel später geben. ● Erst in den achtziger Jahren werden Videokameras für Urlauber erschwinglich. ● Zwar gibt es schon Motorfahrzeuge, doch wird dieser moderne Lastzug erst ab 1970 im Hafen erscheinen. ● Gabelstapler werden erst ab etwa 1960 ein gebräuchliches Hilfsmittel in Laderäumen. Noch braucht man beim Einlagern viel Muskelkraft. ● Kreditkarten aus Plastik finden erst in den siebziger Jahren allgemeine Verwendung. ● Dieser Passagier wird bis 1979 warten müssen, bevor er einen tragbaren Walkman kaufen kann. ● Noch etwa zwanzig Jahre werden vergehen, bevor das Radar entwickelt wird.
● Das Zeitportal ist in dem Wasser zwischen Schiff und Kaimauer.

● Deine Cyberform reicht einem Assistenten eine Dose mit Film hinauf. ● Elektronisch gesteuerte Digitaluhren finden erst in den siebziger Jahren große Verbreitung. ● Der erste brauchbare Hubschrauber fliegt Ende der dreißiger Jahre. ● Satellitenschüsseln für den Fernsehempfang kommen erst in den achtziger Jahren auf. Noch hat man Antennen. ● Das Space Shuttle wird erstmals 1976 gebaut und wird nach jahrelanger Entwicklungsarbeit schließlich 1981 gestartet. ● Zwar sind Motorräder sehr beliebt, aber dieses stammt aus den Siebzigern. ● Diese Taucherausrüstung wird erst in den vierziger Jahren entwickelt. ● Autos sind ein wichtiges Statussymbol der Reichen und Berühmten, dieser Sportwagen wird aber um 1970 gebaut. ● Der erste Linienflug des Überschallflugzeuges Concorde erfolgt 1976. ● Farbsprühdosen ersetzen den Malerpinsel erst in den vierziger Jahren. ● Dieser Radiorecorder kommt erst in den achtziger Jahren in die Läden. ● Noch gilt Rauchen als elegant. Die gesundheitlichen Gefahren des Rauchens werden erst Jahre später allgemein bekannt. ● J. F. Kennedy, 35. Präsident der USA, ist 1936 erst 19 Jahre alt, sein Bruder Robert 11. Ein Bild von ihm als Mann kann es also noch nicht geben. ● Die Verwendung elektronischer Keyboards für die Klangerzeugung findet erst in den achtziger Jahren Eingang in die Musik. ● Tragbare Telefone, die durch die Entwicklung des Mikrochips ermöglicht wurden, gibt es erstmals ab 1986. ● Der erste Computer auf der Basis von Mikroprozessoren wird 1974 entwickelt. 1936 gibt es noch eine Menge Papierkrieg! ● Die Elektronik für den Bau eines hochwertigen Getränkeautomaten liegt ebenfalls noch in der Zukunft. ● Der erste Roman von Ian Fleming über James Bond erscheint 1953. Filme mit dem berühmten 007 liegen noch in der Zukunft. ● 1936 ist Elvis Presley erst ein Jahr alt! In einer Revue kann er also noch nicht singen. ● Die Polaroid-Kamera, in der Film und Bild sofort entwickelt werden, wird erst in den Vierzigern entwickelt. ● Rechenmaschinen gibt es natürlich schon lange. So kleine Taschenrechner mit der Verwendung der Mikrochip-Technologie kommen aber erst nach 1970 auf den Markt.
● Das Zeitportal ist im Scheinwerfer an der Decke.

● Der Kinderwagen ist aus dem Florenz des Jahres 1492 zurückgekehrt, aber ohne das Kind. ● Diese Kleider sollten in dem Koffer in Nagasaki 1633 sein. ● Der Rundfunkreporter hat alles aus dem Paris des Jahres 1793 zurückbekommen – außer seinem Mikrophon. ● Diese Frau sollte entweder die Illustrierte aus Paris 1793 oder die Zeitung aus Rom 100 n. Chr. lesen. ● Dieser Anruferin fehlt der Telefonhörer des Funktelefons auf der *Mauretania* in Liverpool 1914. ● Diesem Gitarrespieler fehlt die Gitarre. Sie ist nicht aus Theben im Jahre 1400 v. Chr. zurückgekehrt. ● Irgendwo im Weltraum ist ein Pudel verlorengegangen. Auch ihn hast Du zuletzt in Theben gesehen. ● Aus den Händen dieses Reisenden ist ein Tablett verschwunden, es war 1492 in Florenz. ● Diese Frau hat ihren Kofferkuli verloren. Du hast ihn in Nagasaki 1633 gesehen. ● Diesem Fahrzeug fehlen die Räder. Die Luftreifen wurden zuletzt 1400 v. Chr. in Theben gesehen. ● Das Hängegerüst, auf dem der Reinigungsmann stehen müßte, ist nicht aus dem Chartres des Jahres 1218 zurückgekehrt noch ihr Notizbuch. Du hast es in Florenz 1492 gesehen. ● Diese Frau vermißt noch ihr Notizbuch. ● An diesem Tisch fehlt ein Stuhl. Er ging auf der Rückreise von Nagasaki 1633 verloren. ● Das Glas, aus dem dieser Reisende trinkt, ist nicht aus dem Theben des Jahres 1400 v. Chr. zurückgekehrt. ● Dieser Rauch kommt aus fehlenden Fabrikschornsteinen, die Du 1218 in Chartres oder 1845 in Manchester entdeckt hast. ● Der Hubschrauber ist ohne seine Rotorblätter in großer Gefahr; sie sind nicht aus Hollywood 1936 zurückgekommen. ● Diesem Wanderer fehlt sein Rucksack. Du hast ihn in Manchester 1845 gesichtet. ● Diesem Gepäck fehlt der Gepäckwagen, den Du in Nagasaki 1633 gesehen hast. ● Mit nur einem Flügel kann dieses Flugzeug nicht starten. Es kehrte unvollständig aus dem Florenz von 1492 zurück. ● Der Schwerkraft trotzend flattert diese Fahne ohne Mast. Du wirst Dich an ihn aus dem Liverpool von 1914 erinnern. ● Das Zeitportal findest Du im Dach des Reiseladens.

Ein Rätsel aus vergangenen Zeiten

● Der Gegenstand, dem Du bisher noch nicht begegnet bist, hat mit Zeit zu tun: Es ist die Sanduhr.

Ägypten 6
Aktenkoffer 36
Aktenschrank 36
Alarmanlage 37
Ampel 36
Angelrute 35
Anhänger 38
Antenne 38
Anzug 35
Aquädukt 8, 16
Armbanduhr 34
Atomabrüstung 37
Außenbordmotor 34
Autobahn 35
Automobil 26, 28, 39
Aztekenreich 16

Badeanzug 39
Badmintonschläger 34
Baird, John Logie 37, 38
Ballerina 34
Ballonflug 37
Ballspiele 34, 36, 37
Baseball 37
Baseballmütze 37
Basketball-Korb 36
Batterie 35
Bauwerk 12
Bauzaun 35
Benzinkanister 37
Beringen von Vögeln 35
Blechdose 35
Blinklampe 38
Bond, James 39
Boot 6, 10
Boiler 34
Britannien 10, siehe auch England
Brücke 35
Bullauge 35
Bus 35

Café 35
Chartres, Frankreich 12, 35, 40

Christen, christlich 10, 12, 18
Computer 39
Concorde 39
Container 35
Cortez 16

Dampfer 26
Dampfmaschine 20, 22
Dampfwalze 35
Dänemark 10, 35
Digitaluhr 39
Draht 35
Drehtür 34
Druckkunst 34

Edison, Thomas 35, 36, 38
Einkaufswagen 34
Einziehbare Hundeleine 37
Eisen 10, 22, 35
Eisenbahn 22, 24
Elektrizität 20, 38
Elektrogitarre 34
Elektronik 39
Elektronische Keyboards 39
England 22, 26, siehe auch Britannien
Erdöl 38
Europäische Union 39

Fabrik 22
Fabrikschornstein 40
Fahne 16, 20, 35, 36, 39, 40
Fahrrad 34, 38
Farben 36
Farbsprühdosen 39
Fast Food 37
Fernglas 36
Fernsehen 35, 37, 38
Fernsehkamera 37
Feuerhydrant 36
Feuerlöscher 38
Feuerwaffen 24, 35
Filmemacher 28

Filmstars 28
Fleming, Ian 39
Florenz, Italien 14, 36, 40
Flughafen 37, 39
Flugzeug 36, 39, 40
Fön 34
Ford, Henry 26
Fotografie 24
Frankreich 12, 20, 35, 37
Französische Revolution 20
Frauen 8, 26, 39
Frauenwahlrecht 26
Füllfederhalter 36
Funkgesteuert 34
Funkmast 37
Funktelefon 26, 40
Fußball-Mannschaft 36
Fußbodenheizung 8

Gabelstapler 39
Galileo 36
Gänsefeder 14
Gänsekiel 36
Gas-/Sauerstoffflaschen 35
Gegensprechanlage 37
Gepäckwagen 37, 40
Getränkeautomat 39
Gitarre 40
Glas 34, 37, 40
Glasscheibe 34, 35
Gleitschirmfliegen 39
Globus 14
Golfschläger 36
Gotik 12
Grill 37
Gummi 35

Hafenschlepper 37
Handtasche 36
Hängebrücke 35
Hängegerüst 35, 40
Hanteln 34
Hawaiihemd 39

Heimfahrrad 34
Heizkörper 36
Hieroglyphen 34
Hochhäuser 37
Hochseefunk 26
Holländer 18
Hollywood, Kalifornien 28, 29, 40
Hoover, William 38
Hubschrauber 39, 40

Indisch-arabische Zahlen 34
Industrialisierung 22
Inline-Rollschuhe 38
Italien 14, 36

Jalousie 36
Japan 18, 37

Kaffee 36
Kamera 28, 38
Kaminaufsatz 36
Kanal 16, 22
Kartenzeichner 14
Kathedrale 12
Kennedy, J. F. und Robert 39
Kettensäge 35
Kinderwagen 36, 40
Klemmbrett 37
Kloster 10
Koffer 37, 40
Kofferkuli 37, 40
Kolumbus, Christoph 14, 18
Kombibagger 38
Kompressor 35
Konservendosen 37
Kran 35, 37
Kreditkarte 39
Kugeln 35
Kunststoff 34, 36

Lampe 34, 36
Landkarte 24, 36, 38

Landmaschinen 35
Landwirtschaft 22, 38
Lastzug 39
Latein 8
Lautsprecher 37
Leonardo da Vinci 14
Leuchtanzeige 34
Leuchtboje 35
Leuchtturm 37
Licht 38
Lichterkette 37
Lift 38
Lindisfarne, Britannien 10, 35
Linienschiff 39
Liverpool, England 26, 39, 40
Lokomotive 38
Lorenzo der Prächtige 14
Luftballon 35
Luftmatratze 34
Luftpost 38
Luftreifen 34, 40
Luftverkehrslinie 39
Luxusdampfer 36, 39

Magee, C. C. 37
Mähdrescher 38
Manchester, England 22, 37
Maschinengewehr 37
Mastlaterne 35
Mauretania 26, 39, 40
Medici 14
Mexiko 16, 36
Michelangelo 14
Mikrochip 39
Mikrophon 40
Mikroprozessoren 39
Mikrowellen 37
Minirock 37
Mixer 38
Model-T-Auto 26
Montezuma 16
Montgolfier 37
Motor 35

Motorrad 39
Motorradhelm 36
Musikautomat 34

Nagasaki, Japan 18, 37, 40
Nordmänner 10
Normannen 10
Norwegen 35
Notizbuch 36, 40

Oberst 34
Ölfässer 37
Öllampe 36
Ölquellen 39
Oregon, USA 24, 38

Panamakanal 26
Panzer 39
Paris, Frankreich 20, 37
Parkplätze 38
Parkuhr 37
Passagierschiff 26
Pedalfahrrad 34, 38
Personenaufzug 38
Pfennigabsätze 37
Picasso 36
Pistole 35
Plakette 37
Plastik-Badekappen 34
Plastikente 34
Plastikrohre 35
Plattenspieler 36
Polaroid-Kamera 39
Presley, Elvis 39
Pudel 34, 40

Queen Elizabeth II 39
Quetzalcoatl 16

Rad 6, 16, 34, 40
Radio 38
Radiorecorder 39
Radiowellen 37

Rasenmäher 36
Rauchen 39
Registrierkasse 38
Reisewecker 36
Reißverschluß 34
Renaissance 14
Rennboot 39
Rettungsring 35
Ritty, James 38
Roboter 38
Rom, Italien 8, 34, 40
Rotorblätter 40
Rucksack 40
Rundfunkreporter 40
Rüstung 34

Safarikleidung 34
Sanduhr 40
Satellitenschüssel 39
Sax, Adolphe 37
Saxophon 37
Scheinwerfer 37
Schiebefenster 36
Schirmgerippe 35
Schlauchboot 35
Schreibtischlampe 37
Schriftzeichen 6
Schuhe 34, 37
Schweden 35
Schweißen 35
Schwimmweste 36
Segel 37
Servierwagen 34
Sessellift 38
Shogun 18
Sicherheitskamera 39
Silo 38
Siphon 37
Skateboard 39
Ski 38
Skulptur 35
Sonnenbrille 34
Space Shuttle 39

Spencer, Percy le Baron 37
Spiegel 34
Spielzeug 38
Spielzeug, mechanisch 38
Spielzeugflugzeug 38
Spind 34
Sporttasche 34
Sportwagen 39
Spotlampe 38
Stacheldraht 35, 36
Stahl 35
Staubsauger 38
Steelband-Trommeln 37
Straßenbahn 38
Straßenlampe 38
Stromgenerator 35
Stromleitung 38
Stuhl 37, 40
Suffragetten 39
Supermarkt 35

Tabak 36
Tanksäule 38
Tankwagen 38
Taschenlampe 35
Taschenmesser 36
Taschenrechner 39
Taucherausrüstung 39
Tee 34
Telefon 26, 38
Telegraf 24, 36
Teleskop 35
Tenochtitlan, Mexiko 16, 36
Tesafilm-Abroller 36
Theben, Ägypten 6, 34, 40
Thermometer 36
Thermosflasche 37
Tiefkühlung 34
Toilette 34
Toilettenpapier 38
Tonbandgerät 37
Tragbare Funk-Gegensprech-
  anlage 39

Tragbares Telefon 39
Trainingsanzug 34
Trajan, Kaiser 8
Trinkglas 34
Trittleiter 34
Trockenhaube 38
Tuben 36
Turnschuhe 36

Uhr 37
Ureinwohner 24

Ventilator 37
Verbrennungsmotor 35, 37, 38
Vereinigte Staaten 24, 28, 38, 39
Verkehrsleitkegel 37
Verkehrszeichen 37
Versetzbare Bürocontainer 39
Verstärker 34
Videokamera 39
Volta, Alessandro 35

Walkie-talkie 39
Walkman 39
Wanderer 38
Waschmaschine 38
Wasserball, aufblasbar 34
Wasserhahn 34
Wasserkessel 38
Weltreich 8
Werbeplakat 35
Wikinger 10
Windrad 35
Windsurfer 35
Wohnwagen 38

Zeitschrift 37, 40
Zement 35
Zentralheizung 36
Zigaretten 36
Zug 38
Zylinderhut 34